讓我們一起討論家事與心事

Homework：慶祝的方式

Homework:

慶祝的方式
THE WAY WE CELEBRATE

主題故事

國家圖書館出版品預行編目 (CIP) 資料

Homework：慶祝的方式 /W+B 總編 .
-- 初版 . -- 臺北市：雷瑞德國際有限公司 , 2024.09　面；公分
ISBN 978-626-95853-3-5(平裝)

1.CST: 親職教育 2.CST: 家庭關係 3.CST: 親子關係 4.CST: 育兒
528.2　　　　　　　　　　　　　　　　　　113013730

發行人的話

「Homework/ 家庭號特輯」發行後，常常有人問我們：「何時有下一本？」

創刊號很特別，是在疫情期間誕生的孩子，前所未有的新冠疫情，社會上集體焦慮的情感蔓延，正因如此，更想把雜誌完成。出刊後，收到很多正向的回饋與鼓勵，讓我們知道許多新世代的爸爸媽媽，也想看看育兒的另一種面向，想一起討論家裡的家事與心事。

不過，對初次嘗試出版業的我們來說，做紙本雜誌真的太難了，種種困境磨損了熱情，心想還是換個方向把第二刊轉為線上，換一個方式呈現內容。

「這個以家為出發點創作的刊物，值得讓更多讀者看見。」重版文化總編輯 Berry 知道後，鼓勵我們，不要放棄對紙本雜誌的夢。在出版社的協助之下，決定再試一次。

同時，也把 Homework 作為一個以紙本為出發點的品牌，重新定位後再次啟動，賦予一個新的 slogan：「Celebrating REAL life」，代表我們想要呈現真實有溫度的生活，而不只是形塑一個理想的家庭樣貌。希望在未來可以持續探訪不同的家庭，觸碰更廣的議題。這裡沒有標準答案，但能提供樂趣、分享歷程，緩解一些育兒的焦慮。

本期，以「慶祝的方式」為主題，採訪了四個主題家庭，分享他們慶祝日常生活中大大小小點點滴滴的獨特經歷，如何以不同的方式創造回憶。跟著他們的故事，每個家庭都搭配著一首 The Beatles 的歌當英文標題。希望你在閱讀這些內容時，也可以隨著音樂感受到我們在採訪時，所感受到的。

家有多種面向，每個人都有屬於自己的故事。你會怎麼定義「慶祝」呢？

慶祝，對許多人來說，也不單只是歡慶而已，有時甚至有點矛盾。可能是一方面慶祝生活重要的里程碑，一方面害怕毫無意義的聚會。可以讓好久不見的家人親近，也會讓有些人擔心見到不想見的人。

原來好好地慶祝一點都不簡單。

最感謝的，是從創刊號就擔任美術設計的 Amy，這次她為了 Homework 的新刊 all in，擔任藝術總監貢獻出她的專業、美感和身邊的親朋好友，以及育兒之外的寶貴時間。

「家事」永遠沒有任何正解與標準答案，但希望這期的某些內容讓你讀了也有共鳴，甚至激發你與摯愛的人一起創造自己的珍貴回憶，這樣我們就心滿意足了。

感謝你加入我們的慶祝。Happy reading！

Love

Gialina Chien

Homework:

慶祝的方式

發行人
簡鸝堂 EILEEN CHIEN

客座總編
W+B

編輯/發行協力
重版文化

創意總監&設計
AMY SZU YI CHANG

顧問
賀郁文

數位經理
李映萱

攝影&服裝
ERNIE CHANG
NIKKO WU
SEAN MARC LEE
江凱維
余雙如

插畫
若凡
吳宛儒 WANJU

本期參與者
CINDY WANG
GEORGE CHEN
ISSA / 30 SELECT
KIDDO.EARTH
李郁淳
林子淇
林安仁
路嘉怡
謝佳芳
鄒曉葦
葉揚
吳宛儒 WANJU

感謝
DESIGN BUTIK
HEY KIDDO

@homework_magazine
homework.com.tw
support@homework.com.tw

雷瑞德國際有限公司 發行
Thunder Road Ltd.
臺北市大安區敦化南路二段200巷6號3樓
(02)2388-7148

總經銷
聯合發行股份有限公司
新北市新店區寶橋路235巷6弄6號2樓
(02)2917-8022

法律顧問
遠東萬佳法律事務所
鍾亦琳律師

印刷
中茂分色製版印刷事業股份有限公司

初版 2024年9月27日
定價 新臺幣520元

ISBN 978-626-95853-3-5

WHAT DO WE TALK ABOUT WHEN WE TALK ABOUT

CELEBRATION

WE CAN WORK IT OUT

我們就自己帶小孩吧

Licia & Brian

Brian 和 Licia 的家，還沒有大舉被色彩繽紛的幼兒用品進駐。地上偶爾散落著一些造型頗富巧思的玩具，必要時，隨手拿來便可逗弄著一對一歲四個月的雙胞胎女兒荳荳與妮妮。兩個小女孩或哭或笑，都帶著相互連動性與雙倍威力，而 Brian 與 Licia 總能很有默契地互相拋接著需求與回應，像演出一場偶有慌亂卻仍無損完美的雙人舞。

院子裡停了幾台重機，牆上掛滿各種蕨類等綠色景觀植物，都是 Brian 興趣與嗜好的展現。飯桌旁的牆上有張兩人的結婚照，照片裡是一對面容清秀、對理想生活懷著憧憬的新人。照片提醒著他們，尚未為人父母的人生。回頭看不是沒有感嘆，但眼前的現實，已被更多滿足與快樂所取代。

成為父母，是兩人計畫中的事情。Brian 是材料化學工程師，Licia 從事服裝採購，兩人從認識到結婚將近三年，選在疫情最嚴重之前結婚。雖沒能照原訂計畫去遙遠的異國度蜜月，但也在台灣徹底玩了一輪回來，決定生小孩。

兩人抱持著「既然要生就趕快生」的想法，加上當時因為身邊朋友推薦，知道政府對於 IVF（試管嬰兒）有補助，想說既然這樣就試試看吧。雖然這件事並沒有原先想像得那麼容易，第一次失敗時，心中難免有點沮喪，此外，在打針過程中意外發現，原來比起電視上看到的先生幫太太打針的親密感，自己來還比較可靠。因為賀爾蒙的影響，這段期間內的身心狀態難免有起伏，這時彼此的加油打氣很重要。而在經過兩次嘗試之後，兩個寶寶終於在期待中來臨。得知懷孕的那天，還有個讓他們覺得很溫馨可愛的回憶，當時因為協助的護士太開心了，他們還沒遇到醫生，就從興奮的護士口中得知這個好消息。

對他們來說，一路以來算有貴人相助，也自認是「有備而來」的新手爸媽，卻沒想到再多準備還是敵不上現實條件突如其來的直球考驗。

雙胞胎出生後的各種兵荒馬亂

人還沒出月子中心，後續的月嫂與保母安排就頻頻出狀況，不是臨時有事無法如期接手，就是胡亂找一個資格不符的人頂替。「我們在兩個禮拜內換了三個月嫂，我剛生完雙胞胎身心俱疲，想到保母還沒搞定，我年底就要回去上班，整個很崩潰。」回憶起那段長達四、五個月的兵荒馬亂，Licia 至今仍心有餘悸。

一時之間沒有可靠幫手，夫妻倆只好捲起袖子自己帶孩子。猶記得某天他們又與一個保母合作破裂，當時 Licia 媽媽恰好來幫忙帶孩子，她聽到夫妻倆的討論，忍不住出言關心時，彷彿處在壓力鍋的 Brian 一句「媽媽，請妳不要再干涉我們」，讓三個人各自都像孤獨無援的星球，在宇宙黑洞中漂浮著。「那是我生命中最手足無措的時刻，只能用萬念俱灰來形容。」Licia 說。

壓倒駱駝的最後一根稻草，卻意外成為推開一扇沉重鐵門的槓桿。雖然兩人沒有全職保母，怎樣都排不到托嬰中心，只能夫妻輪流三天兩頭請假育嬰，但 Brian 毅然決然的一句「不如我們就自己帶小孩吧」，讓 Licia 無比感激，也像為她打了一劑強心針。

經過謹慎仔細的討論與評估，兩人各自請了四個月到半年的育嬰假，再加上妮妮和荳荳可以輪流讓爸媽申請托育補助，不論在心理上或財務上，Brian 和 Licia 這次是真正準備好了。

「對於我們沒得到過的東西，其實根本不知道怎麼給，
很可能最後還是模仿回父母的老路。」

「若真要說『轉念的契機』，大概就是這兩個寶寶太可愛了。老天爺既然一次給了我們兩個這麼好的禮物，我們何不親自帶她們長大呢？」在懷孕的過程中，經歷了像是令人難以招架的妊娠紋無限展開、嚴重水腫讓她不得不提前請產假，到生產後又遇到育嬰幫手搞不定等種種困難，可是當轉念後，Licia 聊到這段谷底重生的心路歷程，覺得無論過程如何，他們都要用陪伴的方式，歡慶這份生命的禮物。就是這麼自然。

老天給了大禮，就自己帶吧

那就自己帶吧！這個決定一拍案，兩人反而像吃下一顆定心丸，決定並肩作戰。

在成為父母之前，兩人是自由自在的「酒肉朋友」。Licia 回想過往，突然丟出這樣的形容，把 Brian 嚇了一跳──覺得好笑的那種。說酒肉朋友是因為，兩人追求相同品質的生活，想做什麼都能立刻放手去做。分開時兩人是獨立個體，在一起時又默契絕佳。

「以前可以在外頭跟朋友喝酒聊天，有了小孩以後，只能請朋友來家裡聚了。放鬆的地方就這樣從外面餐廳改到家裡客廳。」過去的酒肉朋友現在一起宅在家，只是旁邊多了兩個牙牙學語的小獸。

對於想成為怎樣的父母，Licia 說自己走在時間線上，並不去設想太多，每一步平安健康就好。若要更精準地說，是設法讓自己「不要成為什麼樣的父母」。在與其他同年紀的父母聊天時，Licia 發現大家常會以自己爸媽的情況來開啟教養話題，結論通常是「我們的爸媽其實並不知道怎麼當爸媽」。自己這一輩其實也不懂得教養，但身在這資訊爆炸的時代，好處是能汲取經驗的地方很多，壞處是這些資訊常成為焦慮的來源。

「我常想的是，天哪！如果我小時候得到更多同理對待的話，也許我會再有自信、有安全感一點。」Licia 說。而前一晚才剛和 Licia 深聊這個話題的 Brian，認為每個人在摸索教養的過程中，經常和原生家庭給的觀念有很大的拉扯。「對於我們沒得到過的東西，其實根本不知道怎麼給，很可能最後還是模仿回父母的老路。所以這過程也常常在反省，停下腳步來看看自己要幹嘛。」

「我們小時候，父母總希望我們把書讀好，將來出人頭地，當醫生或工程師都好。但到了我們這年代，不一定會會讀書，做什麼事情都可以發展出機會。但我還是會害怕孩子走歪，同時又很希望小朋友可以很有自信地去做她們想做的事。」Brian 笑說：「假如有天孩子突然跟我說，她想當直播主，我那老一輩的思維還是會跳出來，擔心她們這行可以過一輩子嗎？」

老爺車載的是爸爸的青春

養小孩，就是過關斬將，並且在一場場戰役中累積寶貴經驗值。昔日酒肉朋友如今成了最佳戰友，Licia 認為是：「今天我做不好的事，另一個人要幫我擦屁股。今天我做很好的時候，另一個人就可以休息。」

以前，想怎樣就怎樣，一切只需對自己負責，現在卻往往是連坐法，一個環節沒撐好，全家跟著連鎖反應倒。但不管怎樣，從初為父母這一年多的風暴中逐漸走出來，Brian 與 Licia 開始設法在過去與現在的生活中找到平衡。Licia 趁零碎的時間一點一點拼補回過往的自己，Brian 靠的是留住那些珍愛的物件。

Licia 自認外務很多，舉凡朋友聚餐、做美甲睫毛，現在她可以放心去做這些屬於自己的小事，讓 Brian 在家一打二而無後顧之憂。Brian 以前就喜歡玩重機、植栽，雖然照顧雙胞胎沒太多時間打理這些車，但他仍把這些婚前的嗜好留在身邊。

彷彿是個隱喻，對過去的自己留著最後一絲聯繫，Brian 還有一台 1980 年的 Volvo 老爺車，他和自己約定好，如果到孩子兩歲時車子還沒人出手買下，那麼這就是老天爺的旨意，要他繼續把這輛愛車留在身邊。

於是他們開始進行屬於全家的儀式性小實驗，帶兩個小小孩去山上露營──Brian 用老爺車載著大大小小的露營用品（與過往的青春）獨自上路，Licia 帶著孩子坐上一般轎車跟著浩浩蕩蕩上山。到了山上，他們可以和

其他爸媽 hang out，其他大孩子幫忙照顧妮妮與荳荳，有了大自然與友情作為撫慰，沿路的奔波突然間都不算什麼了。

除了維持他們彼此的生活習慣、珍愛的事物，兩人堅持還是要將家裡維持著一塵不染、乾淨清爽，不想因為成為雙寶爸媽，就捨棄了某些對生活的堅持與愛。即使那需要強大的意志力，但還是希望在陪伴孩子時，仍能擁有自己，因此，他們決定要再做另一個不一樣的挑戰。

攜嬰遠征日本，為自己創造回憶

雙胞胎五個月時，夫妻倆就曾帶著她們去澎湖旅行當做暖身，等到六個月時還二打二，一家四口飛到日本福岡去自駕旅行。「那時候育嬰假快要結束了，孩子也準備要送去托嬰中心，我突然覺得，我們全家這樣冒險一年，好像應該送給自己一個畢業禮物。」Licia 笑說。

多數人聽到這都會問：「孩子這麼小，她們會記得出國的事嗎？」Brian 酷酷地說他只在乎兩件事，一是「我只 care 我自己記不記得」，二是「兩歲以前的孩子機票免費喔！」

以前兩個人的冒險是冒險，現在四口的冒險雖然自由度不若以往，快樂仍是加倍的。Licia 回憶福岡行，推著雙層嬰兒戰車雖然常被店家婉拒進入，一天能踩的點也很有限，但他們還是設法從旅行儀式感中找到各自的滿足。Brian 愛享受美食，Licia 晚上就放他去河邊吃夜市，自己在旅館一打二。「我覺得他平常包容我很多，所以只要他提出要

求時，我都希望可以盡量滿足他。」

雖是折衷式的旅行，兩人異口同聲認為已經很滿足，並積極規畫春天時再次帶著雙胞胎吹響號角，遠征日本滑雪場。「雖然在國外的當下會覺得『哇，我是瘋了嗎，我再也不要這樣做了』，但一回到家立刻又萌生『嗯……好像可以再一次耶』的念頭。」

可以適逢節慶就大張旗鼓，也可以在小地方隨性點綴，像之前 Brian 生日時夫妻倆就放了自己半天假，騎摩托車去探險，去喜歡的小店走走，喝杯啤酒，像是回到兩人世界時的小日子。他們持續一點一滴地創造屬於他們兩人，或他們一家人的回憶。

Brian 和 Licia 以不把自己逼到極限的方式，設法創造全家的生活儀式感。雖然夫妻倆總說「不在乎小孩記不記得，只在乎自己記不記得」，但在創造這些回憶的同時，還是希望等孩子大了後，拿出這些全家共渡的片段給她們看。「我希望這些線索，可以讓她們以後重新認識過去的自己，覺得『哇，好有趣喔！』」Licia 笑說。

採訪編輯：李郁淳
攝影：ERNIE CHANG

挑戰！一家四口的
澎湖小旅行

旅伴：新手爸媽 Brian & Licia ＋
　　　1 歲多的雙胞胎姊妹荳荳＆妮妮
地點：澎湖
季節：春夏交替的 4 月

為什麼選擇去澎湖：

想試試帶寶寶坐飛機，所以先從國內旅遊開始，去離島也可以有偽出國的感覺。澎湖自然景觀很豐富，而且 4 月底已經有花火節了，寶寶第一次的海邊踏浪，第一次體驗煙火震撼，都是很珍貴的回憶。這裡的海鮮豐富又新鮮，大家都吃得安心，雙寶也可以嚐嚐不一樣的食物風味。每天看著陽光和大海，就算是育嬰帶娃，心情也海闊天空。

印象深刻的回憶：

有點小看了澎湖的豔陽和高溫，第一次體驗這種天氣，雙寶被曬得紅通通的像兩顆小番茄，我們沿路一直找陰涼處，幫她們降溫吹風、補充水分等。還好雙寶都很配合，沒有暴走或大哭，真是太天使了！這次也上了寶貴的一課，以後帶小朋友出門裝配一定要更齊全。

推薦的親子友善景點：

寶寶年紀還小，出遊都需要推車，還好澎湖的一些景點都還算寬敞好走。這裡還有一些特別的自然景觀，像是玄武岩、摩西分海，大朋友小朋友都可以直接認識大自然。室內可以去水族館，吹吹冷氣、遛遛小孩、認識海洋生物，是很受歡迎的親子景點。這次比較可惜的是沒有規劃跳島行程，等雙寶長大以後再來挑戰看看！

注意事項補充：

出發前多留意天氣，澎湖的天氣真的很炎熱，所以防曬相關備品一定要準備充裕。如果是住民宿的話，帶小寶出遊，需要先跟民宿業者確認一下有提供哪些備品。

文字整理：Homework 編輯部

照片：受訪者提供

BEING PARENTS

長大了才懂的 HOLIDAY BLUE

蘇芮有一首很好聽的歌〈奉獻〉，詞曲極其動人，特別是 B 段的那句「星光奉獻給長夜」，唱起來實在太巨星了。身為一枚有牌的心理師 aka 現代職業婦女，我不那麼鼓吹犧牲奉獻，不過歌詞裡描述的那些奉獻與被奉獻的對象，成雙成對，讓我們能夠清楚看見一段關係裡的主體與客體，長路奉獻給遠方，玫瑰奉獻給愛情，而我跟你呢？

每個人在面對不同的對象時，都扮演著不同角色：當對象是父母親，你可能是頭也不回往前走的長路；倘若對象換成孩子，你則摸摸鼻子成為默默等待的遠方。而人類每天只會待在一種關係裡嗎？當然不是。

人類這種生物複雜得很，身邊坐著先生與孩子時，你扮演太太，也是母親；若先生不巧如長子，那你可能一面當孩子的母親，一面抗拒當先生的母親；你走進辦公室，面對瘋狂傳 LINE 的老闆，還有吃了炸藥的同事，除了戴上優秀員工的面具，還得身兼聯合國拆彈部隊。生活中那麼多的角色時而重疊，時而互相矛盾，在你沒來得及留意的時候，不知已經來回轉換了幾遍，儼然「海底撈」的變臉秀。忙了一天，精疲力盡，臨睡前可能還捨不得放下手機，為的就是抓緊時間，當一下自己。

然而我們習慣的生活步調，每到逢年過節，其實是會被打斷的。記得小時候總是期待過年跟長假，東南西北的姑姑們都會帶著小孩回來老家，平常九點要睡覺的規矩，當然要被就地推翻，大人們也會閉上一隻眼睛，整群孩子就這樣熱熱鬧鬧地玩到體力不支，倒頭睡去。在那種時候，就算留意到媽媽臉上偶爾閃過的陰鬱，也不能阻擋我想玩的熱情。長大才懂，年節，不是對每個人都友善的。像是媽媽在年節前夕，就得跟奶奶一起準備採買與祭祀，從母親的角色轉換為張羅二、三十人飯菜的長媳；爸爸則得從父親轉換成哥哥、兒子、舅舅，去應對大桌上隨著酒酣耳熱而來的各種關心與比較。年節，濃縮了酸甜苦辣，你得一口飲下。

三十年過去，現在或許不時興大費周章的年節祭祀，可供訂位的餐廳選擇也多，不過平日小家庭生活慣了，節日一到，必須團聚吃飯的氣氛還是有的。這種時候，扮演兒子女兒、女婿媳婦的時間不免拉長——原本送小孩上學後，可以暫時卸下父母親的角色，放假期間則是二十四小時不可打烊。這些關係角色的突然變動，都讓我們不得不離開習慣的舒適圈。各地親友相聚，帶著各自的狀態互相靠近，難免碰撞出火花，這些人際火花，由各自的關懷、焦慮、競爭或是不安交織而成，時而明亮溫暖，時而燙到可以傷人。

若是你在節慶這種關於紀念的日子，有想念的人不能見，或是曾經在去年聖誕節給了別人你的心卻被退還，就更有理由感到脆弱了，平

時收藏在心底的寂寞與苦澀，在節慶時盒子會被打開，這種越是在周遭熱鬧時才出現的孤單，越是難以馴服。

年節前夕，也就是差不多要搶高鐵票或是車子要安排保養的那些時候，如果你發覺自己有點煩悶、焦躁或是心情低落，可能是出現了所謂的 Holiday blues（顯然 Monday blues 在我們這個年代已不敷使用），這些感受是身體在告訴你，它正在準備應付即將到來的變動。不妨試著當成就要去旅行，出發前留個十分鐘給自己，幫自己的心也整理打包，想想看在過節期間可能會遇到誰、大致需要用到哪些角色出場、有沒有能夠保持安全距離的相處方式，然後提醒自己，你不是唯一有焦慮的人，你將要見到的人們也都有各自的焦慮。我們和節慶相遇，和人們重逢，然後，好好說個再見再回來吧。

謝佳芳

精神分析師，諮商心理師，畢業於政大教育系研究所，後轉往紐約進修，受訓於紐約精神分析研究與訓練中心（IPTAR），取得國際精神分析學會（IPA）分析師認證。現任臺灣精神分析學會學術委員會主委，芳嶤心理諮商所所長，和一群夥伴一起推動精神分析在臺的發展。

學會簡介

臺灣精神分析學會（TPA）是臺灣第一個精神分析專業社群，從 2004 年正式成立至今。在地，我們致力於專業人才養成、與各領域對話交流；對外，我們與國際精神分析學會（IPA）接軌，是 IPA 正式的聯盟組織。學會即將在今年十二月迎來二十週年慶，歡迎大家一起來共襄盛舉，詳情請見學會官網 QR Code。

Q&A

問卷調查：
你期待過節嗎？

你喜歡慶祝嗎？過節讓你充滿期待嗎？好像很多人都覺得，小朋友就是最喜歡生日派對和聖誕節，媽媽一想到要準備這麼多東西就累，那爸爸呢？隨便都可以？

我們列了幾個問題，邀請大家一起來想想，除了對過節的刻板印象，「慶祝」這件事對你來說是什麼呢？

你在家中的身分是？

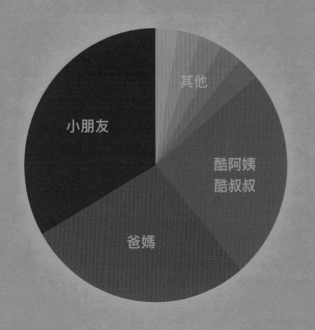

你最喜歡的節日／慶祝名目？

我們發現大家回答的前三名分別是 ❶生日 ❷聖誕節 ❸過年，但也有一些顯示個人喜好的有趣節日，例如：尾牙（有抽獎就是開心）、婚禮（雖然要包紅包，但幸福感滿滿），還有偶像的生日！

你最討厭的節日或慶祝名目？

除了過年、情人節、愚人節，大部分人都說沒有討厭的節日，或是每個節日都喜歡。其中一個回答有點感人，他說他討厭過爸媽的生日，因為捨不得他們變老～

HAPPY BIRTHDAY ?

你或你們家有固定慶祝的節日嗎？或發生什麼事會讓你們覺得一定要慶祝一下？

「三十歲後，好像就只剩下生日會特別慶祝了……」

「家人生日。有了孩子之後非常自然地每年時間一到就會幫她們慶生,她們自己也會很開心地邀請叔叔阿姨、朋友同學來一起吃蛋糕、吹蠟燭,是一個完全不需要多解釋就可以辦 party 的日子,可以簡單辦理,也可以大費周章,唱完生日快樂歌許願吹蠟燭的環節雖老套,卻總是帶來真的微笑。」

「家族中最值得慶祝的是當家人住院、開刀後恢復健康時,家族都會看望與慶祝。」

「其實不怎麼慶祝,長輩不喜歡過節,但我自己會買好吃的食物或蛋糕強迫他們過節。」

「聖誕節一定會故意包一個小孩不喜歡的禮物,弄一下小孩!」

「股票賺錢,全家會出去慶祝一下!」

承上,你或你們家有什麼節慶專屬儀式嗎?

「拍照。老爸以前很愛拍全家福,全家六個人去相片行拍。每五年拍一張,老爸老

媽坐在前面,四個小孩在後面立正站好的照片,可以看到全家進化史,現在回頭看感覺很幽默。」

「以前過年會一起包水餃,水餃裡會包紅棗,吃到紅棗有紅包可以拿。」

「弟弟養了一隻狗之後,過年我開始會包紅包給狗姪子。」

「每天睡前講故事聊天,算是全家一起最簡單、最溫暖的儀式。孩子聽故事有時候秒睡,有時候過嗨搞很久都不睡,很難預測。我跟太太在慶祝『孩子睡著之後的單身時間』來臨,有很高的期待感,但四個人都睡著也是常有的事。」

「生日一定要請假,生日誰要上班!」

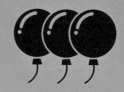

你比較喜歡當節慶的主角,還是比較喜歡籌劃慶祝呢?還是,都不喜歡?

「都喜歡」和「都不喜歡」呈五五波局面,不過有一位受訪者非常熱心跟大家分享他的多年經驗:

「如果我是籌辦方的話,會從至少一個月前就開始安排。讓我給同為控制狂的各位幾點提醒:準備時務求每位參與者都一定要被分配到工作,除了減輕自己的負擔,因為有親手『負責』某個項目,也能更加提升每位參與者對活動的期待值及重視程度。

承上所述,分配了每位成員的工作項目之後,請對該項目的滿意程度有容錯值,比方說我要求了八十分,但可能對方做到五十分我就心滿意足了,還請不吝大力稱讚對方!這項心理準備除了是避免把自己氣死之外,也能讓大家覺得你辦的活動真是充滿溫馨充滿愛,以後只想參加你揪的局。

Dress code 很擾民,建議不要,但文宣品或布置物一定要做!有裝飾陳列後,整個活動的格局會提升到一個截然不同的層次!(說好的減輕自己負擔呢?)」

不知道大家覺得還受用嗎?有沒有躍躍欲試想籌劃慶祝了呢?

承上，你喜歡慶祝或過節嗎？還是其實你興趣缺缺？為什麼？

大部分人都回答喜歡過節，但喜歡慶祝平凡的人也意外地多喔～

「為了孩子我總是大費周章慶祝，做好做滿！拍好拍滿！我還是單身時非常之懶，什麼慶祝都不需要，給我一杯生啤即可。（笑）」

「我是一個沒有在過生日的人，也並不覺得必須要有特定節日才能慶祝或值得慶祝的事。我喜歡的慶祝方式其實很平凡，有時候難得過了順遂的一天，晚上買個雞排配珍奶也是慶祝。」

「覺得能跟喜歡的人一起過都好。在國外住過一陣子，半數朋友都在國外，很多時候會有半天的時差，養成了沒有太依賴節慶、平常好好過日子就好的習慣。」

「沒在特別過節，覺得人生好像能平平淡淡、健健康康、好好生活就不錯了！總覺得計畫趕不上變化，所以對節慶無欲無求？非常佛系！」

過節或慶祝讓你感到興奮、期待，還是焦慮、壓力好大？可以舉一個節日為例跟我們分享嗎？

「其實對農曆年愛恨交織，因為我爸通常都會在除夕當天早上開始發脾氣，發脾氣的點大都是覺得大掃除不夠徹底、年菜準備不夠有條理之類的，我們都覺得他有過年症候群。但奇妙的是，每次一到傍晚祭祖、發紅包的橋段，他就莫名恢復心情，樂呵呵地發紅包（而且都蠻大包的），並端上他準備大半天的招牌滷味，開開心心地吃年夜飯。

前幾年我爸走了，我們不用再擔心有人發脾氣了，但年夜飯桌上也永遠少了他那盤滷味。」

最後，關於過節和慶祝這件事，有沒有什麼話想對你的家人或是會一起慶祝的人說呢？

「想跟爸媽說就算以後我結婚，除夕年夜飯我還是要回家吃。」

「明年請不要幫我慶生，拜託！」

「紅包不要再藏起來了，我要拿來花！」

「每次看到節慶的促銷，都很想說：不要被商人的手段騙了！」

「感謝各位原諒節日控制狂。（比照原型為《六人行》的莫妮卡，應該很好想像吧？）」

「拜託！我那麼精心設計的慶祝！老公！你可不可以好好幫忙拍照！不要歪！不要晃！不要拍到我雙下巴！PLZ！」

「希望爸媽健健康康。」

「能夠聚在一起慶祝就很幸福～」

「慶祝每一天吧！」

問卷整理：Homework 編輯部

BABY TALK

你會說小孩文嗎?

這輩子學了中文、台語、英文、日文......
最近才發現,最有用的語言是....「小孩文」!

精通「小孩文」,不只可以讓你家庭和樂融融,減少紛爭,
還可以促進夫妻感情。「小孩文」學不好,小的哀哀叫,
大的氣嘆嘆,世代隔閡!家裡烏煙瘴氣!惡性循環!

我與先生研讀「小孩文」大概有六年的時間，我成績比較好，已在高級班了。先生似乎比較沒有天分，六年來都落在初級班，遲遲升不上。

大家常常說，學語言很重要的一點就是要「敢說」！想想為何先生的「小孩文」無法晉級，可能就是他害羞的個性。

先生是居家爸爸，陪伴孩子他永遠不缺席，

但是身為日本昭和男子的同時，他總是有種拉不下臉說「小孩文」跟孩子玩的感覺。

先生在乎禮節，與責任，每天的育兒的代辦事項，快洗澡，快吃飯，快睡覺……都是他擔當。但是在現實育兒生活中畢竟不是在當兵，你不跟孩子說他們的語言，有如雞同鴨講，越講越氣，而且還沒有 Google 翻譯可以幫忙……先生不會說「小孩文」這個致命傷，正在慢慢侵蝕我們全家……

STORY 1

三歲的兒子洗好澡後,他光溜溜地拿了一件吊帶褲......不穿!而是把吊帶褲掛在肩上,在家中散步,走來走去。擔心孩子著涼的爸爸開始碎唸:「趕快穿衣服,不然會感冒!」爸爸大概唸了十次類似的話,三歲兒一句也沒回應......

爸爸的怒火慢慢燒起來,他開始抓頭、嘆氣,似乎又要走去他的抽菸之門了......我在旁邊也緊張到胃越來越痛......不行,自己家的氣氛自己顧!好加在,我是「小孩文」高級班!

說小孩文的我:「哎呀!寶貝~掛在肩上的是你新買的包包嗎?你要去買菜嗎?」

三歲兒立馬回應:「對啊,我要去買紅蘿蔔~」

爸爸也轉過頭練習他的小孩文:「那~你順便去買個感冒藥吧!因為你不穿衣服,剛好感冒的時候可以吃。哈啾!哈啾!」逗得三歲兒呵呵大笑。

爸爸講的小孩文,終於與三歲兒在同一個頻率上了。呼......感恩小孩文!讚嘆小孩文!因為使用了小孩文,成功化解了原本緊張的家庭氣氛。

STORY 2

在準備睡覺的前五秒,三歲兒突然打開他的玩具箱,假裝他在上班工作......

爸整個就是下班前五秒又接到急案要修改的感覺......

但是爸還是耐心地呼喚兒子來睡覺:「寶貝～要睡覺了唷～很晚了唷～明天爬不起來唷......」(大人文)

奇怪,「大人文」在三歲兒耳中總是會被過濾聽不到,三歲兒認真敲打著沒有螢幕的鍵盤,完全沒有回應他爸。

這時,爸一個抓頭加嘆氣,我趕緊提示:快使用小孩文!

我跟爸說:「你是不是要打電話給兒子,他才會回你?」

爸翻了一個白眼,卻默默比起六的手勢放在耳朵旁邊......

白眼爸:「嘟嘟嘟......」
爸播起電話,打給三歲兒。

「喂～」這時三歲兒也比起六的手勢,真的接起電話回應了!

爸:「不好意思上班中打擾,請問現在方便通話嗎?」

三歲兒:「可以喔,請說!」(上司姿態)

爸:「不好意思,由於目前時間已晚,我們(爸媽)的服務即將結束,方便明天再繼續您的工作嗎?」

三歲兒:「好啊!」(傻眼乾脆)

三歲兒瞬間把他的工作玩具收一收,跟爸爸去睡覺了......

育兒真的不容易,當耐心快要被用完的時候,不如也試試說說「小孩文」吧!

VERY LATE

Come on...
Hello...anyone?
It's too late...
Listen...
why?
Please...

吳宛儒 WANJU
2012 畢業於紐約帕森斯設計學院。
2019 繪本「ぼく、むかし木だった」於日本出版。
畫畫,寫故事,是兩個小毛頭的母。

MOTHER NATURE'S SON

山林老北　張震嶽

「人生就是上坡要努力，下坡要開心。」

張震嶽自稱「山林老北」，在兒子小谷沐還小的時候，就常揹著他往山上走。過去這個略痞的音樂頑童，當起兒子的馱獸絲毫不嫌累。而現在，小谷沐稍微大了些，父子倆經常去溪邊玩，或是開著越野吉普車到處跑。當兒子表示對單車有興趣，張震嶽二話不說為他請教練，教他騎單車的技巧。

看在有些家長眼中，這些親子活動的危險值偏高，但對張震嶽來說，自己從小就喜歡往大自然跑，喜歡孤獨置身其中的感覺，兒子只是複製了自己童年的體驗。

「以前我小時候，爸媽要是去海邊，去潮間帶射魚，小朋友也會自己去旁邊玩些海星、海參。我們小時候的環境就是這樣，也許我有意識或無意識地，想帶著兒子過小時候的生活。」張震嶽說，去野外玩當然有風險，有幾次在溪邊，看著兒子越走越遠，也會出聲提醒他：「再往前走會踩不到喔。」

兒子果然撲通一聲滑到水裡，他再趕緊跑去把兒子撈起來，放在旁邊乾的地方。「孩子只是想要去探索、去挑戰，讓他親自嘗試以後，就知道底線在哪了。」身為大人，張震嶽對於孩子所處情勢的掌握很清楚，但因為位在自己熟悉的自然環境中，他選擇尊重孩子探索的欲望，不過度干預，只適時伸出援手。

父子獨有的這些山林小旅行，讓他們更親密。孩子跟在後面體驗爸爸的童年，爸爸也藉此重溫童真。一個勇於冒險，另一個樂於放手，他們在大自然裡一起慶祝著父子共處的小時光。

順勢而為地走入婚姻與家庭

「因為我們小時候就是在這樣的環境長大，父母怎麼教育我們，我們就會依循著這樣的價值觀，投注在下一代身上。」他借用媽媽常掛嘴上的金句來形容這樣的核心價值：「人生就是上坡要努力，下坡要開心。」一句話道盡了他的人生哲學與教養觀點。聽起來是不是像極了人在騎單車時的處境？

離那張贏得金曲最佳國語專輯獎、宣示回歸自我意味濃厚的《我是海雅谷慕》，已經過了十年的時光。這些日子張震嶽除了結婚、生子，還多了人夫、人父的角色，但多數時候他過著「依然故我」、帥氣自在的生活。

「該努力的時候就努力，該享受果實時就好好享受它。」他說，很多人生階段的重要性，要到了那個當下才會知道。例如，當年他帶女友去日本滑雪，臨時起意就跟她求婚，等回到台灣以後，女友才發現懷孕三個月，演變成現在的三口之家，一切就是這麼自然。

「我喜歡活在當下，之前所有發生過的事，
都是一個累積的過程而已。」

「我從來不太會去想未來的事,例如去預想結婚後會怎樣,想當了爸爸又應該要用什麼態度去育兒。我喜歡活在當下,之前所有發生過的事,都是一個累積的過程而已。」說這是積極地隨波逐流,或是自在地順勢而為都好,阿嶽的人就像他的歌,看似自由自在的背後,帶著些許內在性格的疏離,人生走到什麼階段,就設法找到當下的平衡。

他說到從小自己就習慣獨處,喜歡自己一個人跑去外面玩。「我常常走路到海邊,大海看著看著就睡著,然後要天亮了,我再回家換衣服上課。大自然給了我歸屬感。」現在的他有家庭,也很喜歡回家——除非有酒局的時候(不改頑皮本色)——家給他的歸屬感更強了些,給了他大自然以外的另一個選擇。

回到阿美族的根

這樣的價值觀養成,是不是和本身原住民的背景有關?阿嶽笑說,其他族他不確定,但就他所屬的阿美族來說,性格偏向樂天。「遇到事情就設法解決,如果解決不了,就把它擺一旁,先喝兩杯再說。」阿嶽和太太小涵都是阿美族,因為相似的家庭背景與價值觀,讓他們很自然地從「兩個人」順勢延伸成「兩個家庭」的結合,也加深了張震嶽對自己原住民身分的追溯。

事實上,他從小在宜蘭南方澳原漢混居的環境長大,並非大家認知的部落長大的小孩。後來他開始玩音樂,到台北成為歌手、出專輯,在五光十色的都市裡玩了一圈,內心受到阿美族情感面的召喚越來越強,驅使他回頭尋根。《我是海雅谷慕》正是標記了張震嶽那個時期的心情。

「只要聽到有人說:『我原住民耶!』好像某個開關會被打開,人會變得不一樣。這種親切感會讓人覺得很無害,變得特別放得開,然後許多界線就瞬間消失了。」

現在只要逢年過節,他就會跟著太太回台東的娘家慶祝,和左鄰右舍一起喝到不知日月。例如就在去年,他才跟太太一起回台東比西里岸參加阿美族豐年祭,小谷沐當然也一起去。對部落來說,「慶祝」其實更像是一種日常,大家歡聚在一起唱歌、跳舞、喝酒,不分你我。

「我叫海雅 Ayal,谷慕其實是我爸爸的名字。阿美族因為是母系社會的關係,其實沒有族姓。爸爸的名字就變成兒子的姓,所以以後小谷沐的名字會是谷沐海雅。」為了未來不要重複這樣的循環,張震嶽決定把「海雅」這個姓定下來,成為第一代以海雅為姓的驕傲原住民。那麼張震嶽這個名字呢?「繼續留著也無所謂,它依舊在我的身分證上,只是下面多加了羅馬拼音 Ayal Komod。」

慶祝,是日常的生活方式

好奇問阿嶽,對於節慶跟慶祝,他們會怎麼過?阿嶽說,對他來講,慶祝就是某一種日常方式,許多人說他跟小涵那天的婚禮很驚人,夫妻倆在典禮上幽默發言,毫不避諱開床笫之間的玩笑,從音樂圈到部落的夥伴們大家玩成一團,完全沒有拘謹感,十分有趣。

阿嶽說,這對他來說就是不同地方的面向,以前個性比較自閉,遇到妻子小涵之後,因為她是很愛熱鬧、很多朋友的人,漸漸變得不太一

樣，現在他也很喜歡跟許多年輕朋友聊，看他們喜歡什麼做什麼。講到小涵喜愛熱鬧，這位三仙台部落公主，過生日時，那些姊妹們幫她拉起了個大布條寫「國際莎霧日」，還做了個像選美佳麗的背袋，背在身上慶祝三天三夜，好不熱鬧。而這種時候，他們也是會帶著孩子一起，看著大人玩，看著大家一起。

像今年本色音樂春酒，他也是帶著小谷沐一起玩、一起跟大人吃飯，當他們要繼續去酒吧續攤時，時間比較晚，小涵來把小谷沐帶回家，他繼續跟同事們玩到子夜才回家。因為對他們來說，父母跟孩子的時間很重要，但是跟朋友、家人、工作夥伴的慶祝時刻也同等重要，這就是他們的一部分，孩子能一起參與也很好。因為孩子是獨立的個體，去跟著認識父母的環境是一件好事。

美麗與醜陋都概括接受

不管是對於族群認同、音樂創作或教養觀，張震嶽認為自己態度越來越開放。很多事情無法二分對錯，只是每個人價值觀不同。他提到最近在籌備新專輯，寫歌時不斷想起「全景效應」（Overview Effect，又譯「總觀效應」）這件事。

「全景效應」指的是太空人航行太空時，回頭看自己所生活的地球，會經歷某種巨大的認知轉換，突然覺得自己很渺小，且被迫放掉過往建立的既定想法。「我們人類一直都是這樣子的，當我們看不到事情的全貌時，寧可騙自己說一切很美好，對於醜陋的事情，可能會不敢或不願意去面對。但醜陋的、壞的事情，其實一直在發生。」

成為父親以後，他學習帶著孩子去直視事物的全貌。他提到有次帶孩子去溪邊，風景很優美，但旁邊有一隻死掉已久的狗，孩子會想去看個清楚，也想繼續去玩水。「也許很臭、很可怕，但這也是自然的一部分。如果孩子想看，可以讓他觀察看看。」他說。

因為以前他也是這樣被父母帶著。他記得以前住在漁港附近，村民有什麼熱鬧他就很愛一起看。當時他爸爸在當海警，有次他在家時，爸爸說：「欸好多人圍在那邊，我們去看看吧！」結果牽手過去，才發現，啊，其實圍在那邊看到的是不太好的事情。那時當然有受到驚嚇，小小年紀看到屍體，雖然不是父母預想得到的，只是覺得有好玩的事情要一起去，父母發現後，卻用很健康的態度，沒有大驚小怪，反而讓他去直視、理解那些生與死。

而這樣的態度深深影響了他。他覺得，至少，一路上大人都陪在旁邊。說到陪伴，他這樣說：「我覺得最好的教育方式，不是清楚分割『大人』或『小孩』的時間，而是不管怎樣，就把小孩帶在身邊，好的壞的都一起面對。」

維持善良與開心，比什麼都重要

他很認真地說，育兒這條路上從來沒什麼真正讓他感到焦慮或擔心的事，就是把孩子帶著，一起體驗生命。帶孩子回台東三仙台時，大人都會告訴小谷沐：「以後你要讀三仙國小。」三仙國小學生很少，一個年級才兩、三人，經常一到六年級全校一起上課，看在都市爸媽眼中，可能較難培養未來的求學競爭力。小谷沐倒是很認真記得：「以後我要讀三仙國小。」

等回到台北，經過家附近位在半山腰的某國小，張震嶽跟兒子說：「這學校也不錯啊。」小谷沐又認真說，以後要讀三仙國小。他笑了，其實自己真的沒有預期小孩要去哪讀書，只要他維持善良、開心，在此時此刻就很夠了。

畢竟，誰又能預期未來會如何？在未來，學校教育不會是孩子習得知識的唯一途徑，讀什麼學校也許不會有太大差別。「我們實在很難想像未來這件事，它既然還沒發生，太過擔憂也沒有用。」張震嶽說。

他唯一比較能想像的未來，也許是在台北的家附近找塊地來種菜，或回到東部的家找塊舒服的地，蓋一間舒服的屋舍，然後以此為基地，帶著少年谷沐去爬山、玩水、衝浪，參加人少少但音響設備很棒的音樂祭，用父子獨有的方式慶祝生活。對海雅一家來說，在有自然、有家人相伴的地方，好好享受當下，那就是家。

採訪編輯：W + B、李郁淳
攝影：江凱維

「我覺得最好的教育方式，不是清楚分割『大人』或
『小孩』的時間，而是不管怎樣，
就把小孩帶在身邊，好的壞的都一起面對。」

總編輯專訪後記

跟阿嶽認識幾十年，是一種又熟又不熟的奇妙關係，我以前看他是音樂的夥伴、公司的藝人，或是好朋友的男友等等多重身分，也因為我話多，他話少，連之前一起去峇里島玩都沒說幾句話，哈哈。

這次專訪被他帶去他的祕境玩，兩人一起坐在溪邊，聊了好久，原來他可以說這麼多話。不知道怎麼形容這個友誼，近幾年雖然偶爾出去會遇到，但都沒有單獨聊天的機會，有一次他忙著划龍舟，上一次他得意地當新郎，已經喝多了的他，可能忘記我有過去抱他一下說恭喜。

兩個人當了爸爸之後，有一次去唱 KTV，我帶了女兒，他帶了兒子，全場只有我們兩個帶小孩一起，後來小谷沐被玻璃杯割傷手流血，我在旁邊窮緊張，他竟然繼續歡唱，那時候就很欣賞阿嶽帶孩子的順其自然，處變不驚。有時看到他在社群上發表一些身為父親的想法，往往很有共鳴，也因此促成了這次的專訪。

訪問後我們一起吃了頓飯，他用標準的台語對著小谷沐說這個肉汁很好吃，「你要不要『攪飯』，我們小時候都這樣吃。」我在旁邊幫忙剝蝦殼，默默地看著這對父子的相處，看著帥哥變成爸爸的一切都好自然。

飯後要回家的時候我問阿嶽說，你這把吉他看起來很方便。他說對啊，廠商贊助的很好用，不是木頭做的，不會變形，寫歌、上通告都不怕摔到。（當然也不怕孩子亂碰！）

最後我問他音樂節，有沒有特別喜歡的？阿嶽說，沒有欸，但音響一定要好。比起在大巨蛋、小巨蛋這樣的場子，他其實更想要辦一場戶外的演唱會，簡簡單單的，把錢都花在音響上，音樂好聽最重要。

曾經大家認為痞痞的，大唱〈我要錢〉、〈乾妹妹〉的屁孩代表，常常去夜店放歌的 DJ Orange，如今真的成為山林老北，最喜歡的還是在山與水之間，讓大家一起隨著音樂共鳴。

慶祝的方式

關於慶祝，我的回憶非常淡薄，因為我們家是一個幾乎不慶祝的家庭。父母將他們出社會後極度務實的心情，貫徹在我和哥哥的童年，因此我們家不過生日，也沒見過爸媽有任何接近慶祝意味的片刻。或許你會好奇我是否羨慕其他同學？倒也不會，因為很奇怪，爸媽平常就會做些很像在慶祝的事（只是剛好都在平凡的日子），加上偶爾聽到同學抱怨：「晚上爸媽要幫我過生日……好無聊喔！我想跟你們出去！」因此默默在心底有股「我們家不過生日，真是酷斃了」的心情，實際接觸到大量的慶祝，是從事餐飲業後的事了。

在餐飲業見過各式各樣的慶祝，生日是基本，交往或結婚幾年的、得了什麼獎的、考上大學或研究所的、領人生第一份薪水、自己離職或討厭的同事離職……人類說服自己的能力無比強大。而每次聽到客人說「我們今天是來慶祝……」我都頭皮發麻，因為這句話的潛台詞是：「我們今晚不容許失望。」現場服務的餐飲業關於空間，而最能在空間中創造慶祝氣氛的，便是音樂。

你可能會想，那還不簡單，派對就電音催下去，生日就生日快樂歌，甜蜜的事就放情歌不就好了？但我們是帶著獨立精神的小店，可不搞什麼 SOP 慶生，更希望客人覺得在這家店慶祝特別不一樣，所以必須在這樣的脈絡下，找到最酷的選擇。例如親友歡聚的小派對，不只熱鬧還要時髦，最好能激起客人心裡的優越感，例如 Beck〈Colors〉的靈巧律動、LCD Soundsystem〈All My Friends〉的節拍中帶著思考關係的內省、The Rolling Stones〈Start Me Up〉搖滾激昂，或是黑暗代表 Depeche Mode〈Policy of Truth〉也是首跳舞勁歌。

遇到生日，就是要放聽起來好像不是很開心的雷光夏的〈生日快樂〉，或是 The Smith 的〈Unhappy Birthday〉（你沒看錯），這樣那些口口聲聲說我不太過生日的悶騷客人就會非常滿意。店裡坐滿情侶的情人節或七夕，情歌要選得像 75% 的巧克力，甜蜜中帶點苦澀的慘情，喚起曖昧期時的患得患失，所以會放 Travis 的〈Closer〉，讓現場還沒在一起的趕快在一起。The Sundays 的〈When I'm Thinking About You〉和 John Martyn 的〈Sweet Little Mystery〉都是老夫老妻的最愛，如果感應到有人正單戀，就要來一首慘歌之王 Jeff Buckley 的〈Morning Theft〉。

慶祝當然不一定要一人以上，我最喜歡獨自慶祝。那可以非常瑣碎，只要完成一件有些挑戰的事。例如花了三個月，終於成功不間斷游泳五十公尺，即使這對大多數人來說簡直比散步還簡單，但抵達的那一刻，心中仍響起了 Sigur Rós〈Svefn-g-englar〉，呼吸跟著那心跳般的節奏，像是在深海悠遊。或是減重中的我，人生第一次點小碗乾麵時，耳

機裡放的是 Radiohead〈No Surprises〉，在開場清亮的木琴聲中，環顧四周，沒有人知道我花了多大的力氣，才能在菜單的小碗處打勾。

只要往前走一點點，就不帶羞恥地好好慶祝肯定自己，這項技能帶著我度過好多難關。

而我終於回想起，國小時某天考完一次成績很差的段考，爸媽在晚餐後，從冰箱拿出了一個小蛋糕，我滿頭問號。他們說：「恭喜你這次數學進步二十分！」我記得那次數學是考五十八分，我帶著一點羞愧的心情吃著蛋糕，當時正著迷王菲的爸爸，在客廳放著〈你快樂（所以我快樂）〉。那一夜魔幻又溫暖，原來他們早已教會我，什麼是最好的慶祝。

Beck〈Colors〉
收錄於專輯《Colors》

LCD Soundsystem〈All My Friends〉
收錄於專輯《Sound of Silver》

Radiohead〈No Surprises〉
收錄於專輯《OK Computer》

The Rolling Stones〈Start Me Up〉
收錄於專輯《Tattoo You》

王菲〈你快樂（所以我快樂）〉
收錄於專輯《王菲》

Depeche Mode〈Policy of Truth〉
收錄於專輯《Violator》

雷光夏〈生日快樂〉
收錄於專輯《2003 逝》

John Martyn〈Sweet Little Mystery〉
收錄於專輯《Sweet Little Mysteries –
The Island Anthology》

The Smiths〈Unhappy Birthday〉
收錄於專輯《Strangeways, Here We Come》

Jeff Buckley〈Morning Theft〉
收錄於專輯《Sketches for My
Sweetheart the Drunk》

Travis〈Closer〉
收錄於專輯《The Boy With No Name》

Sigur Rós〈Svefn-g-englar〉
收錄於專輯《Ágætis byrjun》

The Sundays〈When I'm Thinking About You〉
收錄於專輯《Static & Silence》

林子淇

1987 年生，喜歡搖滾樂與電子音樂。2015 年開了一家
小咖啡館叫 The Folks，喜歡咖啡與咖啡館，希望可以
一直這樣下去。

如果音樂是禮物，
你想為孩子留下哪一首歌？

平常就是一個選擇困難的我，在茫茫大海的歌單中，找出一首歌想要傳承給孩子，給他當禮物，還真的不容易。

跟先生一邊做早餐，一邊討論，到底要傳哪一首歌給孩子！？同樣有選擇困難的先生，也開始進入想像細節......

先生：「要選我們年輕時喜歡的歌嗎？但是喜歡的歌也會隨著年紀不同而不一樣吧？他十歲喜歡，二十歲不喜歡怎麼辦？那，是不是選個古典音樂最安全？BMF! Best Music Forever!」

嗯？我心想......又不是買股票，只是選首歌，有需要評估風險到這樣嗎？或應該是說......哪一首歌，孩子以後聽到會想到我們吧？對對對！回想到自己的爸媽，爸爸的確送了我好多首歌！像是胎內記憶一樣，無意識地烙在身體裡面。

如果音樂是禮物，第一個想到爸爸送我的禮物 是 Bee Gees〈One Night Only〉，1997 年在拉斯維加斯的演唱會專輯。

從第一次聽，就算到現在過了二十幾年，前奏一出來，腦中記憶馬上帶回當時八歲的我，一家人開車去合歡山的路上，我一邊嫌著爸爸抽菸好臭，一邊對著窗外大吼唱著「掂星～耶～～」(Danceing ～ yeah ～) 就連當時下過雨，樹林間的味道，都因一首歌的幾個旋律，又呈現在我面前。

我這才體會到音樂能喚起的記憶真的好強大。在演唱會專輯中，最烙印在我八歲的心中的，就是特別嘉賓 Céline Dion 與 Bee Gees 一起合唱的〈Immortality〉。

小時候不懂英文，總之就是跟著旋律哼哼唱唱。此時此刻，在寫稿的當下，我又播了一次〈Immortality〉，現在的我懂英文了，看著歌詞，我一邊唱著，唱到 we don't say goodbye 的時候！真是！啪！巨顆眼淚嘩啦嘩啦地落在鍵盤上......

我們不是才幾天前，一家人在車上唱著整場 Bee Gees 的演唱會嗎？但如今，我已嫁人，也有自己的小孩，與當時在車上的「一家人」，過著各自的生活。現在坐在車上開演唱會的

成員，也從原本自己的爸媽，換成自己的小孩了......

當時爸爸在唱 we don't say good bye 的時候，是怎樣的心情呢？是跟我現在一樣捨不得孩子長得那麼快，捨不得現在車上的「一家人」有一天會變成「原生家庭」嗎？帶著墨鏡唱著 we don't say good bye 的爸爸，眼鏡下該不會也是淚眼汪汪？（應該是沒有啦，他沒有像我那麼情緒化，想太多。）

如果音樂是禮物，我想要為孩子留的可能不是一首歌，而是因為一首歌而喚起的回憶。我們一家人在車上唱過幾百首歌，哪一首歌留得下來，我也期待他們長大後跟我說答案。

音樂的記憶，喚起家的記憶，爸爸給我了最好的音樂禮物。也證實到現在二十幾年後，仍然記憶猶新，當三十五歲的自己再次打開這個八歲的禮物時，竟然還能感動爆哭。（在旁邊洗碗的先生覺得莫名妙。）

沒想到一首歌的回憶衝擊竟然那麼大。我也想給孩子這樣的音樂禮物，是他們長大後，聽到這首歌，也會想起一家人在車上開演唱會的時光。

P.S. 我爸會不會突然困惑，覺得，咦？都不知道爸爸有送你這個禮物，爸爸只不過是開車抽菸想聽一下 Bee Gees 罷了！

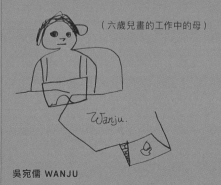

（六歲兒畫的工作中的母）

吳宛儒 WANJU

2012 畢業於紐約帕森斯設計學院。
2019 繪本「ぼく、むかし木だった」於日本出版。
畫畫，寫故事，是兩個小毛頭的母。

HERE THERE & EVERY- WHERE

科技媽媽 Penny

每年約三到四月是伊斯蘭齋戒月 (Ramadan)，這期間，穆斯林日出後就不進食，直到日落才開始補充食物。而每逢此時，Penny 總會帶著女兒 Ava 到新生南路清真寺的慶祝室走走。雖然她們在清真寺沒什麼熟識的人，但在這伊斯蘭重要節日，尤其是齋戒月結束的「開齋節」（Eid al-Fitr，也是每年伊斯蘭曆十月第一天），大家會彼此熱情招呼寒暄，不管多陌生的外來者，到這裡都會有家的感覺。

自從約旦籍丈夫一年多前因病過世後，這是 Penny 努力讓女兒與父親維持聯繫的方法之一。儘管 Penny 本身來自一個不特別過節的家庭，但她想把這個由先生帶進家裡的傳統延續下來。雖先生已辭世，但帶著女兒過他過的節，他就不會真正遠離。

單親的三口之家

目前在科技公司主掌 AI 產品開發的 Penny，大概是一般社會定義的「女強人」。從小，擔任全職主婦的媽媽就灌輸她，女人一定要有自己的事業，在家裡才有發聲權，才能做自己想做的事。因此，Penny 對未來的想像不見得要有先生小孩，但一定要有斐然事業。「我那時覺得，小孩好像會占據我的生活，吃掉我很多事情，所以不在我的計畫內。」Penny 笑說。

直到遇到另一半，對「家」的想像開始向外延伸。Penny 認為，也許可以挑戰「母親」這個身分，應該滿有趣的？形容自己「鬥志很強，勇於接受挑戰，有時候是工作狂」的她，在三十歲那年生了可愛的女兒 Ava。

「在我心裡，家庭中的男性角色並非必要的條件，
但假如沒了男性，我會提醒自己偶爾要抽換成男性角色，
讓家的氛圍更多元豐富。」

Penny 與丈夫每年會帶女兒回約旦夫家，和夫家那邊的大家族們聯絡感情。約旦人的家族關係很緊密，那邊每戶至少生三個小孩，每有聚會時總是滿堂熱鬧，這對來自小家庭的 Penny 來說，偶爾覺得熱情令人難以招架，但更多時候是獲得新的歸屬感。

直到一年多前丈夫過世，Penny 在面臨人生重大改變的當下，也必須思考因應之道。成為單親家庭後，她請媽媽同住，一起幫忙帶 Ava。她很感謝媽媽加入，將家事「系統化」，甚至會用紙本行事曆記錄大家的行程和各自的安排，方便大家可以互相幫忙又能擁有自己的時間。在科技業上班的她，雖然偶爾會吐槽媽媽為何不夠「科技化」，使用手機 app 雲端溝通起來更方便，但媽媽這樣邏輯又理性的溝通方法，把照顧家人當「工作」來做，其實順暢很多，也讓身為工作狂的她，可以在各方面更有效率地安排、平衡。

理性溝通跟透明、沒有祕密，是她們維持這三口之家很重要的一件事，像是先生的離世，在她家從來不是禁忌話題。

「我第一時間知道這件事時，首先冒出來的想法是──我要告訴女兒。」Penny 說，以前電視劇演到這種情節，大家都會把死亡當成某種祕密，刻意編一些故事給小孩。「我心想，不行，我一定要告訴她事實是什麼。」令 Penny 意外的是，儘管母女對此都難過，但女兒總能藉由唱歌、畫畫等藝術表達的方式來消化情緒。Ava 還編了一首歌來思念爸爸。

先生在世時，幾乎每天都會和家人視訊聯絡感情。而在先生過後不久，Penny 不只馬上帶 Ava 回約旦，讓遠方家人的愛撫慰女兒，回台後也讓女兒在假日固定維持視訊的習慣。

善用 3C 讓家的樣貌持續完整

從單身、邁入婚姻到生子短短幾年間，Penny 經歷了兩個人生重大階段的轉變。現在家裡第二個大人的位置，由阿嬤暫時取代，Penny 自己也開始調適家的新貌。

「我對『家的模樣』的定義其實沒有太大差別，可能現在除了多一個女兒，家庭成員又恢復成小時候的樣子。分享彼此生活，對我來說這是一個家最重要的部分。」現在家庭性別的組成較單一（Penny 的父親留在屏東照顧長輩與務農），她觀察，有男性成員的家庭活動還是比較熱鬧些。「以前我老公還在時，會和女兒玩摔角等比較劇烈的動態活動，現在三代都是女性則以靜態居多。」

「在我心裡,家庭中的男性角色並非必要的條件,但假如沒了男性,我會提醒自己偶爾要抽換成男性角色,讓家的氛圍更多元豐富。」例如 Penny 會和 Ava 在家裡玩單腳跳的競爭小遊戲,可以玩到笑開懷又能大冒汗。

至於令家長們頗為在意的 3C 教養問題,本身就在科技業的 Penny 也有自己一套「善用但不濫用」的標準。除了讓女兒維持每兩週一次與約旦家人視訊的習慣,去年齋戒月時,她就用 Midjourney(AI 繪圖軟體)產生一個「爸爸牽著女兒在清真寺的背影,襯著遠方圓圓的月亮」這樣的電子卡片送給約旦家人。

「當物理距離讓人們無法頻繁相見交流時,通訊軟體對於連結情感絕對有正向助力。但科技始終還是媒介,聯絡感情、慶祝節日還是要回歸到『人』身上,你到底有沒有『想要』分享生活、有沒有『想要』知道家人過得好不好?如果有的話,科技可以幫你很輕易快速地執行這些事情,讓你跟世界有更多連結。」Penny 說。

因此 Penny 並不限制 Ava 使用科技產品,而是先篩選過媒材後,才讓 Ava 作為學習或娛樂使用。例如 Ava 可以聽《豬探長推理故事集》或《媽爹講故事》等 podcast 節目,一週有兩天晚上可以看動物星球頻道,每月有兩個週末可看動畫電影。

但是她也指出,除了大家都知道的「3C 產品會造成小孩注意力不集中」,她認為 3C 所提供的內容都是單向的輸入,小孩儘管獲得知識,但若要求他們主動輸出,小孩往往不會表達。所以如果 Ava 真的某天跟來家裡的阿公

一起看了三十分鐘(已超出每日規範)的短影片,Penny 會要求她用同樣長的時間分享影片內容,可用演戲、唱歌、彈琴、畫畫、排積木等形式不拘,作為改掉被動輸入、鼓勵輸出的方式。

「小孩很聰明,如果大人肯花時間跟小孩互動,小孩一定會選跟真人互動。女兒雖然愛聽 podcast 的兒童故事,但要她選,她絕對會選聽我說故事。所以共處不是問題,問題在你是否願意花時間跟小孩相處。」

週五深夜的滑板 Me Time

對 Penny 而言,理想的母女關係是「兩人之間沒有祕密」。她鼓勵女兒與她分享學校的事,自己也不吝於和女兒傾訴大人世界裡的苦惱。她笑說:「以前我會跟老公分享,老公過世後,我發現情緒少了一個出口,就改以女兒為分享對象。」好比,她會問女兒,同事談戀愛遇到難題,兩人曖昧不明怎麼辦?「你應該建議同事,直接跟對方說『我喜歡你』!」這是 Ava 給的答案,雖令 Penny 哭笑不得,卻也覺得小朋友這種直球對決,不失為一個點破大人內心百般糾結的方法。

作風直爽明快的 Penny,總是設法把自己放在和小孩平行的位置,以保持母女間的溝通順暢。對搬來家裡一起幫忙帶孩子的媽媽,也適用此道。對她來說,成為母親只是多了一個身分,她還是原來的自己,擁有原本的生活、工作、朋友、興趣,以及想要學習成長的目標。因此,保有 Me Time 對她來說也是生活中必要維持的目標之一。「有些家長喜歡把所有時間跟小孩綁在一起,但如果這是他們要

「當物理距離讓人們無法頻繁相見交流時，
通訊軟體對於連結情感絕對有正向助力。」

的樣子，我也覺得是很棒的。」她認為，任何有孩子的家庭，家長要挪出時間做想做的事都不容易，重要的關鍵就是溝通。

「以前我要和老公溝通，現在則是要和媽媽溝通。和家人保持溝通，讓他們願意支持你的獨立性，相信你的好心情與自我成長，對整個家都會有正面效果。」因為看了朋友的限動而受好奇心驅使跟進，Penny 最新培養的興趣，是每個週五晚間跟朋友帶著滑板去河濱揮汗一下。雖然她還是滑板菜鳥，也沒真的拜師學藝，但可以在長板上跳舞，Penny 覺得這

美麗的律動讓人心生嚮往。在河濱的那短短幾小時，她可以成為青春滑板少女，可以把握和朋友聚會的自由，然後隔天享受週六晚起的快樂。

「對於培養興趣、保有 Me Time，我從來沒有想過要放棄。如果未來沒有備援，我也會帶著女兒一起去。」Penny 很堅定地說，即使 Me Time 變成 Us Time，也會是共享的快樂。

採訪編輯：李郁淳
攝影：ERNIE CHANG

PENNY的APP推薦

慶祝節日

 LINE 禮物
在家人朋友生日或節日時，可以很方便地選擇適合對方的禮物寄出，並且搭配電子卡片傳達心意。

 Download

 CANVA
節日或慶祝時，可以快速產生很美、很有氣氛的影片，和大家分享。

育兒相關

 媽爹講故事
華爸用很生動的方式講述繪本內容，也會在節日時選相關主題的繪本來講給小朋友聽，是女兒最喜歡聽的 podcast 節目。

 Download

 GOOGLE 相簿
會自動幫你將照片分類並整理回憶時刻，製作成影片，分享給影片內的人。

 Download

每個人都需要一個好用的 TO DO LIST

很多人相信人生是一連串的待辦事項，你聽過 GTD 嗎？ GTD 就是 Getting Things Done 的縮寫。

重度 (中毒) GTD 信仰者，舉凡生活、工作的大小事都要經過五個步驟：Capture → Clarify → Organize → Reflect → Engage，列表、分類、整理，搞定！智慧型手機剛出來的時候，有一類 To Do List App 就是主打「根據 GTD 系統」所設計的。

YouTube 上有好多影片可以看到生產力達人運用各種軟體，有條理地把「該做的事」整理好列出來，在「死線」(deadline) 之前完成，不再拖拖拉拉，就不會有事情沒做完的罪惡感。市面上有數不清的 To Do List App，以下推薦四款，好用與否就取決於你的使用習慣了。

GTD 65%

REMINDERS ⊗

Don't forget. Use reminders.
Apple ★★★★

「免錢的軟體只是堪用」這個想法絕對是個誤解，像蘋果內建的 Reminders 最新版本就提供了非常方便的購物清單，你只需輸入要購買的品名，它就會自動幫你分類：你打 milk 跟 cheese，它會放在 Dairy, Eggs & Cheese 的欄目，打 beer 就會自動放在 Wine, Beer & Spirits 的欄目，那 Shampoo 呢？當然就是 Personal care & health。真的很好用，不要懷疑。

THINGS 3
待辦事項清單
Cultured Code ★★★★

設計極簡美觀，使用者介面直觀友善，非常容易上手，不管是在 Mac、iPad 或 iPhone 上都可以無縫接軌、快速同步的一款待辦事項 app。目前僅支援 iOS 系統。

FANTASTICAL CALENDAR
More than a calender.
Flexibits Inc. ★★★★

Fantastical 認為待辦清單和行事曆是分不開的，尤其現代人每天行程滿滿，如果一直把想做的事輸入 to do list，卻沒有在行事曆上對比參考，待辦清單就會逐漸累積成「願望清單」，想做卻永遠排不出時間做。這款功能強大的 app 完美地將清單與行事曆結合，是追求高效率的最佳選擇。

TRELLO
專案？工作流程？立即組隊合作！
Trello, Inc. ★★★★

Trello 是一款完全不同的 app，它使用視覺化的卡片看板取代條列式清單，讓使用者可以放自己喜歡的圖片美化待辦清單，加上拖拉式的使用介面，非常方便重新安排清單順序，比純粹追求效率的清單式 app 更賞心悅目，為安排生活瑣事的無聊任務增添了些樂趣。

文字整理：Homework 編輯部

IT'S PARTY TIME, BABY!

生活中隨時來一場PARTY

攝影：SEAN MARC LEE

Meri Meri

1 **Mixed Stripe Plates**

創立於舊金山的兒童派對品牌，
充滿想像力與童趣的設計和高製
作品質，是家庭派對常見的夢幻
商品。

ferm LIVING

2 **Ripple Small Glasses**

質輕小巧的玻璃杯，凹凸的紋理
防滑好拿取，兒童也能輕易握住。

3 **Floccula Wine Glass**

形似法國小酒館常見的小酒杯，
綁個可愛緞帶，喝果汁也可以很
有感覺。

4 **Flow Bowl**

直徑 9-14 公分的手工瓷碗，適合
給孩子裝水果和點心。

ecoBirdy

5 **Chair Charlie**

來自比利時的品牌，將被遺忘的
玩具回收製作成色彩繽紛的兒童
專用家具，符合人體工學的設計
能提供安全穩定的支撐，適合 18
個月至 7 歲的孩子使用。

㪗㪗桌遊

6 **GUJUGUJU 咕啾咕啾卡牌**

第一款被知名遊戲出版商
Gamewright 所簽下的臺灣設計
卡牌遊戲，適合大朋友小朋友一
起玩。

JELLYCAT
1 經典雲灰銀兔
來自英國的絨毛玩偶品牌，使用
超柔軟舒適的短絨毛，讓孩子人
手一隻，愛不釋手。

Normann Copenhagen
2 Bit Stool Cone
以回收材料製成，移動輕巧，安
全耐用，用活潑的顏色點綴家中
角落。

ferm LIVING
3 Grib Toolbox
時髦又安全的圓弧造型，可以當
工具箱，也可用來隨手收拾滿地
的玩具。

4 Orb Watering Can
極簡造型澆水壺，為家庭園藝增
添一點設計感。

5 Uneru Pot
以 30-40% 的回收陶瓷製成，搭
配僅內部上釉的獨特處理方式，
呈現陶瓷的溫暖質樸感。

Petit Collage
6 Funny Face Magnetic
旅行遊戲組
把各種可愛的表情裝在小錫盒
裡帶著走，是理想的兒童旅行遊
戲組。

Connetix
磁力片

來自澳洲、專為 STEAM 教育設
計的磁力積木片,通過食品及安
全認證,與多數歐美品牌的磁力
片皆可相容,超過一百種 2D 和
3D 玩法,小朋友可以蓋房子,媽
媽也可以拿來做漂亮花器或首
飾盒。

眠豆腐

小朋友睡袋 70×140 公分

最擅長做寢具的眠豆腐推出的
新睡袋，一面是透氣親膚的雙層
紗，翻過來另一面是舒適的磨毛
布料，四季皆宜，讓小朋友玩到
哪就睡到哪。

睡墊棉被疊起來捲捲捲，用魔
鬼氈一黏！不僅是有趣的遊戲，
小朋友自己也可以完成收納。玩
髒了也不擔心，整組直接丟洗衣
機，幫把拔馬麻節省時間。

MOES

海星平衡墊

以 EVA 環保泡棉製成，質輕堅固
又耐久，從平衡到搖擺、衝浪、堆
疊或行走，開放式的玩法鼓勵孩
子們發揮遊戲想像力，成為第一
款寶寶友善的體感玩具。

MOES

蛋糕疊疊塔

一組包含 5 種不同顏色的疊疊
塔，輕盈安全的 EVA 泡棉讓孩
子可以自由搬動或舉起，不論室
內、室外或水中，都能不分年齡
盡情玩耍。

BAVVIC

創作積木 32 件入門組

由瑞士著名建築師 Maciej 設計，
木片來自家具業的回收材料，彩
色銜接片則使用無毒矽膠，讓孩
子在發展空間認知、手眼協調的
同時探索美感創造力。

重版文化 & 小啼大作兒童音樂社

蘑菇濃湯繪本

想做好聽兒歌的爸爸與想畫好看
繪本的媽媽，造就了「小啼大作」
的誕生，接連創作出好多適合兒童
的優質歌曲與動畫，包括小朋友大
朋友都琅琅上口的〈蘑菇濃湯〉。

現在兒歌實體化成繪本，讓爸媽
可以暫時放下手機，給孩子說說
小蘑菇的故事，同時培養孩子的
圖像美學與閱讀能力。

KEEP THE PARTY GOING!

muuto

1 **Dots Wood**

極簡圓潤的造型，多達 18 種色彩
與 4 種尺寸選擇，成為該品牌最
受歡迎的家飾商品。

Apple

2 **Air Pods Max**

耳機的主動降噪模式最適合需要
寧靜時光的爸媽，充電一次可用
20 小時。

TINYCOTTONS

3 **Kids Apples Backpack**

近年在國際大受歡迎的巴賽隆納
童裝品牌，設計可愛、時髦又耐
用，雙肩背包的尺寸適合幼稚園
以上的孩子。

Bobo Choses

4 **Branded Colour Block Hat**

同樣源自西班牙的有機棉童裝品
牌，時常推出大人小孩同款服飾
而深受媽媽喜愛。這款大人帽也
有小孩的尺寸。

Ikea

5 **SÄCKKÄRRA 購物袋**

Ikea 這次推出的限定版購物袋
讓人有挖到寶的感覺，背出門買
菜也時髦！

特別感謝：

眠豆腐 (@sleepytofu_tw)
sleepytofu.com

Design Butik (@design_butik)
designbutik.com.tw

Hey Kiddo (@heykiddotw)
heykiddo.com.tw

服裝：余雙如
模特：CC, 通通 , 小鼻
文字整理：Homework 編輯部

ALL YOU NEED IS LOVE

只要我們全家能一起
Mei & Kenneth

活潑外向的 Mei 和惜字如金的 Kenneth，兩個性看似位於天平兩端，但說起話來卻展現驚人的好默契。Mei 在台灣出生，幼年時就搬到加州，成長期間經常在台、美兩地跑。她在美國讀完大學後到中國工作，在上海時經朋友介紹認識了 Kenneth。

Kenneth 的爸媽很早就移民美國，這讓他成為土生土長的芝加哥人。他約在十五年前搬到香港，投入餐飲管理業，在 2020 年與 Mei 攜手踏入婚姻。兩個擁有多元文化背景的青年，個性合拍的部分不只表現在開明的人生態度上，連對婚姻、職涯的規劃也都方向一致。

婚後隔年，大女兒 Kira 出生，度過兩人共同計畫的「兩年空窗」後，老二 Reggie 出生，迅速擴張成四口之家的生活步調，讓夫妻倆忙得團團轉。Mei 說：「生活的確出現『改變』（change），但我們只是自願作出不一樣的『選擇』（choice），我不會說這些是『犧牲』（sacrifice）。」

「你會隨之調整生活方式，但若把它看成『犧牲』，你會在無形中為自己培養出這種心態，那不是我們要的。」Kenneth 補充：「不管怎樣，只要我們全家能一起做一些事，才是重要的。」

他們認為在地狹人稠的香港，親子友善的公共空間的確比較珍貴，但他們會仔細挑選適合小孩的用餐空間，或乾脆就在家裡辦趴。

「在家放音樂，大家狂跳，是我們最開心的時候。」Mei 說，像 Kira 就很喜歡 Snoop Dogg 的兒童音樂頻道 Doggyland。Mei 從小家裡就喜歡過各種特殊節慶。「聖誕節在我家尤其是了不得的大事！我媽過起節來投入程度無上限。」她開朗地笑說。

Kenneth 在旁邊說：「我是覺得，可以用更實際、更有效益的方式來慶祝生活。」怎麼聽起來像潑「溫水」？其實，從事餐飲業的 Kenneth 因為疫情期間餐廳營業備受限制，他和幾個朋友開始思考如何用創新的方式去幫助他人。「我們都在餐飲業多年，一下子多出大把時間、大把力氣，為何不發揮我們的專長來幫助別人呢？」

Kenneth 除了在香港從事餐飲業，本身在

「我一直都認為食物是愛的表現，從小家裡就給我這樣的觀念。
直到我認識 Kenneth，發現他也熱衷此道，
對他來說，食物可以傳達『愛』與『關心』。」

芝加哥和日本也經營餐廳，還擁有一家名為「Flagrant Hot Sauce」的辣醬公司，在相關領域經驗非常豐富。於是他發揮強項，和四個朋友一起成立了社會企業 More Good Hong Kong，希望召集餐飲圈的人才與資源，為在地社群帶來更多正面影響力。他們成立基金會籌募資金、定期舉辦免費餐盒發放活動，只要有需要的人都可以來領取。目前 More Good 每週固定三天發放食物，平均每週累計最多送出八、九百個餐盒，週末不定期也會舉辦其他活動，參與的對象多為香港難民聯會、九龍區街友和漁灣邨的弱勢長輩。

「我們自己舉辦活動募款，把經費投注在烹煮出更營養美味的食材，給任何有需求的人享用。與其說是『慈善團體』，不如說最終我們希望建立一個自給自足的社會企業生態，幫助並回饋在地。」來領餐盒的人不必接受身家調查，不過下次送餐活動需要志工幫忙時，歡迎回鍋出一份力。

「我想這可能是我媽給我的影響，她不會用『回饋社會』這麼教條式的口號，只是常常告訴我們，不管你手上有的東西是多是少，不管你能給出去的是金錢、精力或食物，永遠記得要幫助別人。」Kenneth 說，助人這件事並非只是創造從「施」到「受」的單向效益，給出去的善意可能會化成另一形式返還。

「我一直都認為食物是愛的表現，從小家裡就給我這樣的觀念。直到我認識 Kenneth，發現他也熱衷此道，對他來說，食物可以傳達『愛』與『關心』。」Mei 說。

所以，在這些送餐場合，自然也可以看到小 Kira 和十個月大的 Reggie 的蹤影。雖然他們年紀尚小，對於「送餐」這件事的使命和意義尚無概念，但在活動中幫忙把餐盒遞出去給爺爺奶奶阿姨叔叔，或看爸爸的朋友那些年紀較大的孩子怎麼幫忙洗菜切菜，又或什麼也不做，只是坐在裝餐盒的大箱子裡「占位」，都成為他們的日常。

「說實在，他們年紀很小，很難講出什麼深刻體驗，而且很多時候還得看他們當天心情，要是沒睡飽或餓肚子的話就……」就怎樣？實在不好說，但當爸媽的人大概都懂。

問 Kira，和爸爸一起工作最好玩的是什麼？「去廚房。」她說。為什麼呢？ Mei 在一旁引導發問。「因為……喜歡爸爸。」好吧，Kira 的答案簡潔有力。

「其實我從來不覺得做 More Good 是什麼值得給自己嘉獎的事，而是，我們家可以藉這機會共享時光，一起幫助別人，所以我們也是受益者。」Kenneth 說：「小孩不會想東想西，他們才不知道什麼是『難民』或『弱勢長輩』，或誰有『資格』可以領餐盒。小孩想法很簡單：喔，有人需要幫忙，那我就跟爸爸媽媽一起來。」

Mei 認為身教大過於言教。爸媽捲起袖子做，孩子在旁邊看了自然就會學。況且，送餐活動現場的氣氛都很融洽，大家彼此問候、互相關懷，Kira 已經是常客，對那些志工哥哥姊姊和其他來玩的小朋友都很熟悉，對她來說，去 More Good 就是擁有更多保母和玩伴，更多延伸出去的家人。

所以，把話題拉回 Kenneth 對於「在家辦趴」

的評論，他所謂的「更實際、有效益」的方法，其實就是與更多人一起分享、慶祝，這已經是經營社會企業的邏輯了。

「講是這樣講，有一年 Kira 生日時（Kira 即將迎來三歲生日，所以嚴格說來她的生日記事簿也不是太滿，尤其她的兩歲生日是在 More Good 辦趴度過的），Kenneth 還是烤了一整隻雞當作派對美食啦！」Mei 在一旁沒好氣地笑說。

這個四口之家就和其他家庭一樣，努力在事業、婚姻、家庭之間取得平衡。而生活當然不是只有 More Good，還有很多其他面向。夫妻倆只要有空，就會帶孩子不辭辛勞地去南非、美國或日本旅行，再怎麼累，都是全家一起創造的回憶。

「不管怎樣，只要我們全家能一起做一些事，
是最重要的。」

Mei 本身也在經營品牌行銷顧問公司，不像 Kenneth 的工作性質讓他必須到處跑，她的工作就是坐在電腦前完成，所以每天早上先和 Kenneth 商量好當日行程和工作分配就變得很重要。「我們分擔的比例不會永遠 50:50，有時 20:80，有時 70:30，隨時調整時間空間來配合彼此經營的事業。」Mei 說。

但 Kenneth 也承認，自己還在努力找到平衡點。「我必須承認，有時候我會拖著他們去我工作的場合陪我啦。」Kenneth 最近新開了一家咖啡館，必須經常到場監督，於是咖啡館順勢成為他們一家新的 hang out 地點。「我希望他們玩得開心。」Kenneth 笑說。

Mei 很了解 Kenneth 口中的實際。「其實，真正讓我們凝聚在一起的，是生活中那些微小但閃發光的事，可能是不必早起上學的星期六早上，全家一起賴在床上聊天，或是幫愛跳舞的 Kira 舉辦『寶寶迪斯可趴』，大家一起跟著音樂亂扭亂跳。她說：「盛大派對當然好，但這些小小的快樂時光也一樣不能少。」

Moregood (@moregoodhk)
www.moregoodhk.com

採訪編輯：李郁淳
攝影：P. 86-89 SEAN MARC LEE
P. 90-95 受訪者提供

QUICK & EASY HOUSE PARTY

不費力的家庭派對

對於我們家來說，只有在女兒 CC 生日快到時，才會浮現應該來幫她慶祝、留下一些開心回憶的念頭。我們多半簡單準備，買個蛋糕在家過。不過也有幾年是有認真下功夫，邀請親密好友與 CC 年紀相仿的小朋友來一起過她的生日。

對很多想辦家庭 party 的爸媽來說，從找尋合適的料理、採買、備製到餐桌上的呈現是一個壓力不小的工程。若還要兼顧營養均衡和小孩大人們各自的喜好，應該會直接拿起手機訂餐廳了吧。

所以，這次分享的重點除了菜單的構思，還有如何將備製工作分類分時處理。不是每一道菜都得當天從無到有生出來，即使是平常慣用的食材，也可以做出亮點的變化。

惡魔蛋

STARTER

惡魔蛋 (devil egg) 是用非常日常的食材就
可做出許多變化的小點心，要加點大人喜歡
的味道或小孩喜愛的元素，都可以輕鬆準備。

首先，我們準備 6 顆新鮮優質的雞蛋，若是
從冰箱冷藏室取出，可以先泡在微微溫熱的
水中回溫。拿一只小湯鍋，加入足以覆蓋 6 顆
蛋的水，水滾後小心放入蛋，當水呈微滾狀態
後煮 8 分鐘，然後關火再浸泡 5 分鐘。時間
到了，將蛋泡入冰水或冷水至冷卻。

剝殼後將蛋切成兩半，蛋黃挖出後放入另一
個調理碗中。在調理碗內加入 Q 比美乃滋約
40 公克、切末的紅洋蔥 15 公克、少許切碎的
巴西里或任何綠色香草，還有少許檸檬汁，
用矽膠刮刀壓碎蛋黃，慢慢與其他材料攪拌
均勻，最後用小湯匙填回蛋白內。

照片中，我用燻鮭魚、生火腿與海苔碎做了
三種 devil eggs。想要搭配得更豐盛，鮭魚
卵、明太子、海膽等風味鮮明的食材都可以
考慮。

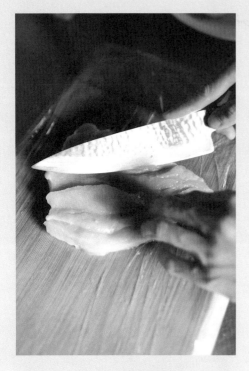

烤雞胸

主菜通常會是宴客時最力求表現的一道菜,透過簡單的前置技巧,用平凡的食材也可以讓客人驚豔。我就用這道雞胸肉料理來示範。首先,去市場的生鮮雞肉攤購買整副帶皮雞胸,我喜歡它分量夠大,處理起來也不像全雞那麼麻煩,客人們也可以乾淨俐落地分食。把雞胸帶回家洗淨後,依下列比例製作鹽滷水,浸泡一晚入味。

———

MAIN COURSE

帶皮雞胸 1 副 (約 600-800 公克)
清水 1000 公克
海鹽 30 公克
糖 10 公克
黑胡椒粒 2 公克
乾辣椒 1 條
去皮蒜頭 3 顆

製作步驟

① 將鹽、糖與辛香料放入鍋中,倒入清水煮滾,然後完全放涼,即我們需要的鹽滷水。將雞胸浸泡至鹽滷水中,放入冰箱冷藏 12 小時,將肉取出,鹽滷水倒掉。

② 雞胸鹽滷後可直接料理,表面擦乾後用平底鍋將帶皮那面煎上色,然後放入預熱至攝氏 200 度的烤箱,烤 15-20 分鐘。可以順便烤一些馬鈴薯塊、切厚一點的櫛瓜或生菜沙拉。

③ 若想做得複雜一些,可以將雞胸的反面劃刀後以刀背拍平,一半鋪上燙過的菠菜與莫札瑞拉乳酪,然後將雞胸對折,放入平底鍋以小火煎皮面,再放入烤箱 10-15 分鐘直到烤透。雞胸取出後,靜置 10 分鐘再切塊擺盤。

可麗餅

CC 非常熱愛水果，只要切好各式的水果一整桌，她絕對會開心接受。但這樣作為 partyfood 好像有點偷懶，這時就可以思考什麼樣的料理適合搭配水果，又能讓大部分的大人小孩都喜愛，例如可麗餅、鬆餅等都是非常容易準備和製作的選項。

————

DESSERT

製作麵糊

① 準備一個調理盆，放入麵粉、砂糖與海鹽，用矽膠刮刀稍微攪拌均勻。

② 打入第一顆蛋，與乾粉混合成麵糊狀，然後重複此步驟打入剩餘的蛋，繼續攪拌麵糊直到滑順無結塊的狀態。

③ 加入融化的奶油。需特別留意融化奶油已降至微溫，若拌入溫度過高的奶油會讓麵糊結塊。

④ 再加入牛奶。拌勻後的麵糊近似鮮奶油的狀態，若過於濃稠可再加入少許牛奶攪拌。麵糊完成後在室溫靜置 15 分鐘，就可以開始煎餅。

煎可麗餅

① 準備一個可麗餅煎鍋或直徑 20-25 公分的平底鍋，鍋緣越淺越適合。

② 在鍋內及邊緣刷上一層薄薄的奶油，以中小火熱鍋。

③ 依照平底鍋的寬度，倒入薄薄一層足以覆蓋底部的麵糊，稍微轉動鍋子讓麵糊均勻附著。

④ 約 30 秒後，當麵糊表面開始冒出微小氣孔即可翻面，再煎個 20 秒即完成。若翻面不易，可參考圖示，使用一支筷子橫跨鍋緣，將可麗餅的翻到筷子上，再提起筷子翻面。

⑤ 煎好的可麗餅稍微放涼就可以上桌，搭配切好的水果讓客人自己取用，也可以配果醬、優格、打發鮮奶油或冰淇淋。或是將煎好的餅放涼冷藏，用保鮮膜封好可以放個兩、三天。想要回熱溫溫得吃，只要在平底鍋抹上薄薄一層奶油，以最小火煎 30 秒即可。

約可製作 15 片

低筋麵粉 150 公克
細砂糖 50 公克
海鹽 1 公克
蛋 200 公克（約 4 顆蛋）
無鹽奶油 50 公克（隔水加熱或微波 15 秒至融化）
牛奶 500 公克
蘭姆酒 15 毫升（依喜好可不加）
柳橙或香吉士 3 顆（或奇異果、水蜜桃、草莓都很適合）

火龍果果昔

DRINKS

天氣逐漸炎熱，party 上也需要讓大人小孩都能消暑的飲料。若想避開罐裝或手搖飲料，可利用現在已經很好取得的冷凍水果或果泥，加入一些現切水果，就能很快做出清爽又不罪惡的飲料。這次我們用冷凍的綜合莓果和一些新鮮的火龍果切塊，全部放入食物調理機，再加少許開水，即可打出滑順的果昔。

另外像是哈密瓜、芒果、西瓜，都很適合拿來製作爽口的冰沙，還可以加入琴酒、利口酒來拯救到了party 尾聲需要冷靜下來的大人們。把水果處理完後切小塊，拿一個裝得下手持攪拌機的深杯，將水果和喜愛的烈酒攪打均勻，放入冷凍，每隔1小時取出來攪打一次，重複三次後即可形成冰沙，用湯匙就能輕鬆挖取。

「不是每一道菜都得當天從無到有生出來，即使是平常慣用的食材，也可以做出亮點的變化。」

喬治

2018 年短暫前往英國，在北倫敦的義大利小館 Rubedo 與老牌英式餐廳 St.John 本店見習。目前為獨立廚師，以承接私人宴會、品牌合作為主。
廚師路是倒過來走的。沒有廚藝科班背景，因為到了英國鄉下小城工作，才開始待廚房磨練手藝。大量食譜閱讀、許多旅行和味道的累積成就現在的喬治。

攝影：NIKKO WU

ASK THE DOCTORS

媽媽醫師的慶祝與日常

EILEEN／簡酈瑩醫師

林安仁醫師

說到慶祝，大家會想到什麼呢？除了當下的快樂、感動、回憶，不免也會想到隔天起床後的疲累、宿醉，或因為吃得太豐盛而引起的不適。那麼，身為健康守護者，醫師媽媽都怎麼慶祝呢？她們也會偶爾想任性一下嗎？

本篇特地邀請了從試刊號就是忠實讀者的林安仁醫師，與我們本業為眼科醫師的的發行人 Eileen 對談。兩位不只是專業醫師，也身兼照顧全家大小的「媽媽」一職，她們會怎麼慶祝？有沒有什麼協助規劃活動的法寶？來聽聽兩位醫師怎麼說。

E 很高興知道林醫師在《Homework》試刊號就已經關注我們雜誌。請問醫師是出於對雜誌的喜好而發現《Homework》，還是本來就有在關注親子議題呢？

林 我本來就很喜歡看雜誌，當初是在實體書店發現《Homework》的，覺得封面設計和陳列都非常吸引人，所以就買來看看。可能是因為標題和吃東西有關，所以被吸引了，但不是因為親子議題。老實說，我不是會特

別關注親子議題的人。我看很多日本雜誌，例如四十到六十世代的女性雜誌，內容議題比我們想像中更多樣化，講離婚、講跟公婆相處、講老後規劃等，甚至還有講到單親媽媽帶小孩，很實用。我喜歡讀實用的雜誌，可能是這個原因，會讓我想持續關注《Homework》。

Ｅ 聽說林醫師對我們試刊號主題「要吃，不吃」提出了一些讀後心得，可以在這裡和我們分享嗎？從媽媽的角度，和從醫師的角度，會不會有不同的想法呢？

林 我認為「要吃，不吃」是一個很實際的問題。身為父母，總是會希望孩子能夠均衡飲食，但實際上要做到並不容易。從醫師的角度來看，當然希望孩子能夠攝取足夠的營養，避免過量的糖分和高熱量食物。在照顧老大的時候，我也曾經很認真設計他的日常飲食，後來發現有點徒勞無功，所以到了老二的時候就看得比較開了。後來我發現他們對吃東西也是有自己一套平衡的方法和樂趣，所以對於《Homework》上一期的內容很有共鳴。

當然我還是有一定的原則和底線，我平常不太會要求孩子一定要吃下或吃光某些種類的食物，他們可以吃自己喜歡的東西，但如果因為不吃正餐肚子餓，也絕對不准靠吃巧克力等零食來填飽肚子。他們從小就習慣吃蔬果，雖然也會不吃青椒或茄子，這方面我倒是無所謂。

Ｅ 說到平衡點，同時身為外科醫師、太太、母親，想了解林醫師在日常生活中如何平衡、調適自己各種不同角色的轉換？工作時是最開心的嗎？（笑）

林 調適各種角色真的是一門藝術，時間安排尤其重要。我會將所有的工作、運動和雜事安排在早上八點到下午四點半，就是小孩上學的時間，採買或開會等可以線上完成的事就善用網路。在這之外的時間，還有週末，就是留給孩子的 family time。以前我也會想在工作上多做一些，想挑戰自己的極限，但後來體會到，在工作與家庭之間保持平衡、平均分配，也許才是對自己更好的選擇。

我覺得當過媽媽的人回到職場上，大多都能勝任管理職務，畢竟照顧一家老小和所有的家務事，可不是輕鬆簡單的事呢！（笑）

Ｅ 林醫師是個懂得生活、熱愛生活的人，但媽媽的角色永遠沒有休息的一天。請問如何在不同角色轉換中保有自我，同時又能做自己喜歡的事？有什麼祕訣嗎？

林 我覺得找到自己的興趣，並且想辦法堅持下去很重要。對我來說不可或缺的 me time 就是運動，運動不只維

持身體健康，也可以鍛鍊心靈的韌性和強度，幫助我們處理日常要面對的情緒問題，所以不論多忙，我都會規劃出運動的時間，好好舒壓和充電。

雖然我不追劇，但如果偶爾出現難得的空閒時間，我會看看雜誌、滑滑手機，不再安排活動，讓自己輕鬆休息一下。平常晚上九點半就跟著孩子去睡了，早上六點多一起起床，看似自己的時間變少了，但作息非常規律，身體變得很健康，氣色也會變好喔！

E 《Homework》這一期的主題是慶祝，因為在家庭生活的軌跡裡，有很多不一樣的慶祝方式，如生日、節慶、party、家庭旅行等等。這些都是大家相聚開心共度的時光，也是家庭創造回憶的方式。請問林醫師平常工作忙碌，還會注重慶祝和過節嗎？有沒有一定會慶祝的日子，或是自家獨有的慶祝儀式呢？

林 我們家一定會一起過生日，但人長到一個年紀，挑禮物送禮物就變得越來越困難，所以我們會全家一起完成一個東西送給壽星，這就是我們特別的慶祝方式。

上次我先生生日的時候，我們做了一個蛋糕，真的是塗了奶油、放很多水果的那種蛋糕。我生日的時候做了什麼呢？好像是做出來的東西有點失敗，所以記得沒這麼清楚了⋯⋯（大笑）雖然準備過程有時候會有點混亂，但還好回想起來總是很愉快。

E 在大家都帶小孩的聚會行程裡，如何自己也能開心享受呢？如果爸媽自己不小心「慶祝過頭」了，隔天宿醉或精神不濟，有什麼「事前預防」和「事後補救」的建議或祕訣嗎？

林 我會適時切換 on 跟 off 的狀態，來維持自己的心情。做家長有時總得面對一些必須親子社交場合，如果剛好對上不太相熟的家長，我就會轉換一下，用「上班」的心情來處理，畢竟上班的時候我們總是需要比較理性，笑臉迎人。

這種場合對我來說算是一種情緒勞動，如果可以，還是不要參加太多比較好。最理想的聚會還是要有志同道合的家長朋友，小朋友在玩的時候，大人也可以放鬆聊天，甚至喝點小酒。至於「開心過頭」倒是還沒有發生過，所以也沒有什麼祕訣好分享。可能因為身為外科醫師很能撐，不論是宿醉、沒睡飽或是時差，該起床的時候照樣要起床。也可能是到了這年紀，不太會喝到宿醉了，知道什麼時候該停止，注意節制應該就是我的「事前預防」吧！

E 小朋友在聚會時經常會「慶祝過頭」，例如吃太多零食害肚子不舒服、看太多電視或打太多電動，導致過度興奮睡不著。這些活動應該怎麼安排比較好呢？

林　我們家好像不會有慶祝過頭的情況，糟了，難道我是過度嚴苛的媽媽嗎？（笑）

可能是因為我們家作息很穩定，平日就算沒寫完作業也要準時去睡覺，如果隔天是假日，不需要特別早起的話，就讓孩子放鬆要玩到十一點也沒關係。我認為讓孩子們習慣這種張弛有度的狀態，就不會在過節放假的時候出現「報復性」玩樂狀態，搞到大人小孩都很辛苦。

但有時候的確是會出現吃太好的情況，例如燒肉吃太多，還好平常我們家的蔬菜水果都吃得很多，偶爾消化不良時多休息兩下，上上廁所，很快就好了。不過讓孩子在充分活動後好好休息，也是很重要的，特別是一些因為玩過頭而無法入睡的情況，我建議提供一個安靜、舒適的環境，例如開冷氣讓房間稍微涼一些，更容易入睡。

連著兩題看下來，我果然是事前預防派的！因為我的標準和底線就在那，只要不越線，爸媽和孩子互相尊重、互相理解，就可以減少兩方暴走的機率。

人生嘛，看長遠一點，孩子一兩天不吃青菜或是晚點睡，沒事的。

E　這期雜誌發行的時候，剛好是暑假期間。身為職業媽媽，對於假期的感受常常很複雜，一方面很開心終於不用那麼早起接送小孩上學，另一方面對於假期中小孩的行程安排著實令人傷腦筋。

我自己的門診，寒暑假後常遇到一波近視增長潮。相比學期中，長假反而是小朋友狂看書狂用手機電腦的時候，所以我總是要在放假前特別提醒一下護眼的重要性。

那麼，對於暑假的來臨，林醫師這邊有沒有遇到什麼常見狀況呢？給爸媽們一些小建議，讓大家都能開心健康地過暑假吧！

林　我覺得呀，爸媽要先學會放過自己最重要！有時候氣昏頭的爸媽比玩過頭的孩子更難處理。至於暑假作業，可以試著用專案管理的方式來協助孩子，換成上班模式，從這樣的角度來思考，也許會簡單一點。如果每天作業都能有些進度，其他部分就看開些吧。（身為媽媽我是否太鬆了？）

還有，記得提前幫孩子報名暑期班或課外營隊，不然大家都不用上班了！

E　非常感謝林醫師跟我們分享這些建議和經驗，一定能幫助到許多不同面向的讀者。

林　不客氣，希望大家都能在工作和家庭找到自己的節奏，有時嚴謹，有時放鬆，一起好好過生活。

假期護眼小知識

在寒暑假過後的門診，常會看到很多小朋友的近視度數又加深了，而且加深很多，因為假期間的閱讀、上網和打電動時數，反而比學期中更多。現在這一代的小孩，除了螢幕使用時間大大增加，很多小朋友在候診時也是書不離手。有時我會請小朋友分享他們正在讀的書，中高年級以上閱讀的文字量比想像中驚人。

在這邊分享一些護眼原則和小撇步，大家一起來愛護我們的靈魂之窗！

不要在交通工具上閱讀或是看螢幕，因為在搖晃、昏暗的環境下用眼，容易造成近視度數增加。旅途中可以聽音樂、聽故事、聽 podcast，都是護眼好方法。

近距離用眼的活動，包括看書（不論是課本還是課外讀物）、寫作業、上網、打電動、畫畫、練琴等，所有用眼距離小於 45 公分的活動，每 30 分鐘就要休息 10 分鐘。我們可以善用倒數計時器，每次設定半小時，鐘響就起身把用眼距離拉到 45 公分以外，吃點心、喝口水、去洗手間或是幫忙做些家事都很好，不必侷限在一定要看遠或看綠色植物之類的，只要能做到定時休息的大原則就會很有幫助。

利用假期增加戶外活動以及運動時數，最好每天安排 120 分鐘以上。活動可以動靜交替，例如上午安排學科課程，下午安排運動類型的營隊。有些小朋友喜歡整天都做運動，我覺得很棒！

在假期開始前，就和小朋友先討論好時間安排原則，讓他們知道不是一寫完作業、讀完書，休息時間就可以馬上打電動、看影片、讀小說。這些活動都需要用到眼睛，這樣連續做下來眼睛是沒辦法休息的！

DOCTOR'S NOTES

原本正在進行的近視控制療程，不要因為假期或旅行而中斷。有的父母會覺得假期活動多，坐在桌前看書的時間少了，就主動讓小朋友「休息」，這是錯誤的觀念。近視控制例如長效散瞳劑、兒童近視控制鏡片、塑形片等，都需要繼續保持規律進行，才能維持好的效果。

林醫師
大腸直腸外科醫師，專攻痔瘡手術與大腸鏡檢查。處女座，在婚姻與養小孩的過程中逐漸學習放手，但始終放不下掌控慾的地方是衣櫃。每次要抓狂的時候就會幻想：「如果小孩長大後被問起成長過程，會如何形容媽媽？」為了自己的偶包，就會冷靜一點。

簡醫師
眼科醫師，獅子座，兩個女兒的媽媽，喜歡和小朋友對話，專攻兒童近視控制。
覺得當母親的育兒之路比上班還要複雜困難太多，持續學習中。喜歡嘗試本業與母職以外的事物，目前為《Homework》發行人。

HUMAN DESIGN:
HOW DO YOU LIKE
TO CELEBRATE ?

人類圖說慶祝

回到娘家翻著老相本時，我總是會對於自己身為家族中第一個新生兒的身分感到無比幸運。我有好多本厚厚的專屬寫真集，從出生到長大，泛黃的相片裡，有記憶中父母年輕時候的臉孔，也有恃寵而驕的欠揍的我。在那個資訊不是那麼方便保留的上個世紀，看得出來集三千寵愛於一身的我，是如何被捧在手掌心裡疼愛著的。

尤其是，在那本我週歲生日的相片集裡，爸媽邀請了十幾個（當然是他們的）朋友來到家裡，準備了兩顆大蛋糕給我，一顆還有一個洋娃娃站在上面的那種，我坐在兩個蛋糕中間，臉上被抹了鮮奶油，一臉疑惑地望向鏡頭。

後來追問爸媽：那天後來呢？爸媽不好意思地說，你不小心地喝到了一口大人的啤酒，就

乖乖地早早去睡覺了，真是天使寶寶。(?)(好爸媽不要學)

也許當時的心智層面還無法意識到那天我的週歲派對到底有多好玩，但是我堅信我的基因底層，從那天開始，就奠定了所謂「慶祝」的真諦：很多朋友、喧鬧聚會與美食美酒，這就是慶祝。

後來我認識了某大個，好不容易等到了我們交往後他的第一個生日，我邀請了好多彼此的好朋友，準備了好多美食美酒，大家鬧到天翻地覆不醉不歸。隔天我們雙雙頂著宿醉，他幽幽地說：「以後我的生日我只想跟妳兩個人安靜度過，可以嗎？」

不知道是宿醉繼續發威還是內心太過衝擊，我霎時間陷入天旋地轉世界崩塌，怎麼能夠！！兩個人叫做日常，很多人才是慶祝啊！！

我內心不斷咆哮吶喊崩潰。於是，花了好多年的時間，我不斷嘗試甚至測試他的慶祝極限，確定他不是因為不好意思麻煩人、不喜歡這些朋友、偶包太重而不願意參與這樣的聚會，他是真心的，想要兩個人就好。

這件事終於在我開始接觸人類圖以後，水落石出：他是人生角色 6/2 人。

「人類圖」最簡單的解釋就是「你的人生使用說明書」，理論基礎就是「每一個人都是獨一無二的個體」，透過結合西方占星、東方易經、猶太教的卡巴拉樹、印度的脈輪系統、宇宙學、基因學等等龐大知識體系，搭配你出生時刻相對於宇宙星象的精確位置，方方面面地仔細區分出「你是如何與其他人不一樣」的設計。

其中有一個區分的方式就叫做人生角色 (Profile)。

人生角色總共分為 12 種：1/3、1/4、2/4、2/5、3/5、3/6、4/6、4/1、5/1、5/2、6/2 和 6/3。

請不要因為看到這些密密麻麻的數字就馬上散瞳，因為對我而言，人生角色相對於博大精深的人類圖知識，可算是非常容易理解的。

簡單來說，如果你把這個世界想像成一個巨大的舞台，那麼人生角色，就是你在這舞臺上演出時所穿的戲服，那是你如何表現自我、與他人相處，最簡單明瞭的分類。

你所看到的數字來自於易經的爻線。易經每一卦都有一到六爻，從最底層的一爻一路往上走來到六爻，到了六爻會繼續往下一個卦的一爻走，形成週而復始的循環。

而人生角色斜線前面的數字爻線代表了你所認知到的自己，斜線後面的數字爻線代表了別人所認知的你，抑或是說你的潛意識性格。

由於篇幅的關係，在這裡我們會以「不論這數字爻線出現在斜線前或後，你都具備有這樣特質」大致概括的方式來解釋。如果還有興趣，大家也可以慢慢深入研究。

擁有不同人生角色的你，
最喜歡的慶祝是什麼呢？

一爻

1/3 | 1/4
4/1 | 5/1

一爻是所有一爻到六爻的根基，每一條爻在一爻穩固的基礎上，才能夠有繼續往上發展的可能性。一爻致力於鑽研事務根本、探究生命如何運作，我們常說一爻就是那種追根究底的「研究者」，有興趣、有疑問的事情一定會努力探究、不斷扎根，直到清楚透澈才能夠感到安心。

所以對於一爻來說，慶祝的第一要務是要吃飽穿暖過得好，先保有生活本質上腳踏實地的安全感，再來看看有沒有什麼值得深入研究的事情。

也許你可以找一個熟悉並且喜歡的餐廳，好好大吃一頓，然後換上你最舒服喜歡的裝束，和你最熟悉的家人朋友，很安心、很放鬆地拼好一組樂高。（？）

拼樂高當然是我胡亂瞎猜，我的意思是，在身心都被安放舒適的情況下，去做一個可以完全投入精神、對你而言有樂趣的事情，應該會是不錯的慶祝方式。

二爻是「隱士」，也是「天生好手」。在一爻為了建立基礎而投入研究後，二爻就成了（擁有不知從何而來的）天賦異稟的天生好手。二爻的天賦總是會吸引需要的人不斷地召喚他們，可是二爻的隱士只想獨立自主，以自己的方式，做自己的事。

對於二爻而言，專屬於自己的空間與不受打擾的自由同等重要。說到慶祝，與其參加盛大派對，不如在自己舒服的家裡，與喜歡的人一起放鬆享受，來得更加開心。

2/4	2/5
5/2	6/2

在經歷了一爻的追根究底、二爻的天生好手之後，走到三爻就是負責打通下三爻（一、二、三爻）與上三爻（四、五、六爻）之間界線的「烈士」了。

三爻的主題是嘗試錯誤與帶來改變，他們生性可以很輕易與人建立連結，一旦察覺不對勁，也可以毫髮無傷的直接斷開關係。三爻絕對是這六條爻中最勇敢、最大膽、最充滿冒險精神，並且願意嘗試新事物的。

1/3	3/5
3/6	6/3

三爻的慶祝可以生猛一些，去些沒去過的地方探險，嘗試些沒做過的事情，挑戰沒人挑戰過的難題，可以讓他們感到血脈噴張、無比興奮。這世界因為三爻而帶來刺激、衝突，甚至是突變，所以，要慶祝？我們來去跳個高空彈跳吧！或是爬個玉山？或是從台灣划獨木舟去日本看看？只要你敢說，三爻一定毫不猶豫地加入。

四爻

1/4 ｜ 2/4
4/1 ｜ 4/6

四爻我們稱為「機會主義者」，易經走到四爻，經歷了研究者、隱士、烈士之後，才發現多交朋友、建立關係才是王道。人脈就是四爻最重要的人生資產，所有事情透過「人」而達到完美目的。

所以四爻的慶祝就是朋友朋友好朋友，你的朋友我的朋友，還有朋友的朋友，大家一起來，只要身處朋友的懷抱，就會感覺到幸福滿溢。

不同於四爻的影響力僅限於認識的朋友，五爻的「異端者」、「大將軍」就是時刻接受眾人的期待與投射，最能夠對陌生人發揮影響力的人生角色了。

五爻

我們總笑說五爻的偶包重，因為他們時刻感受到眾人對他們的期待與眼光，像大明星登場那般，萬眾矚目。五爻的慶祝最好是帶有一些大眾影響力的，譬如一起去淨灘，為環保出份力，或者在公眾場合精密安排的盛大求婚儀式，任何可以讓人仰望的華麗登場，都會讓五爻嘴巴說不要、心裡爽歪歪。

第六爻獨立於其他五條爻之外，高高坐在屋頂上俯瞰世界，所以六爻帶有宏觀超然的視角，是出淤泥而不染的「人生典範」。

六爻

六爻最好的慶祝，就是來到實際或抽象概念上的高處，可以去高山上俯瞰城市萬家燈火的夜景、觀看日昇日落雲海翻騰，要不，來到頂樓餐廳，喝杯小酒，笑談人生，也是清幽爽快。

看到這裡，你是不是懂了。

某大個的人生角色是 6/2，他那帶有六爻高不可攀的頭腦意識，綜合了隱士的身體意識，幾乎是「我是仙女我不跟你們玩了」的體質；而我的 4/6，頭腦總是想著朋友朋友，朋友越多越好，和朋友一起飛高高，多麼歡樂。

經過這麼多年掙扎，感謝人類圖，我終於願意相信我們每個人都不一樣。

慶祝可以發生在每一個日常瞬間，慶祝是每一個人都必須感同身受的快樂，只是你的慶祝，要小心不要變成親密關係中的「慶記」(台語)(笑)，人生角色可以是一個不錯的參考。

你們與孩子們的人生角色是什麼呢？

路嘉怡
藝人，作家，人類圖一階引導師，前陣子推出了線上課程「路嘉怡的人類圖生活實踐課」，4/6 薦骨權威純生產者。
在人類圖的世界裡，繼續著探索自我與理解他人的旅程，按圖索驥分門別類的嘗試釐清複雜的生命課題。
衷心盼望全天下所有父母與孩子們，都可以被適得其所地對待，展現出活出自我的美好樣貌。

TIME TO SPEND SOME MONEY

環境友善送禮提案
讓你成為送禮達人

除了生日,大家最有機會收到禮物的節日,大概就是情人節和聖誕節了吧!在充滿愛意的氛圍中,不僅期待收到禮物,挑選禮物也成為一件幸福的事。

然而近幾年,這些節日被批評為越來越商業化、過度消費、鋪張浪費。讓我們回想一下交換禮物的初衷:送禮,一定是越大越好、越貴越好嗎?我希望這份禮物只是一次性的被拍照放上社群軟體,還是長久陪伴著對方的日常生活呢?我希望這份禮物是有意義的嗎?

今年,讓交換禮物變得更友善吧!Kiddo 整理了幾項「挑禮萬用指南」,提供給大家參考參考:

更難忘的禮物

經過用心挑選的禮物通常令人難忘。除了有形體的禮物,我們也送給對方一份難忘的回憶,例如安排一場旅行、一頓自備的美味餐點,甚至是鮮少說出口的讚美,在這種時候都是很棒的禮物喔!

更友善環境的禮物

珍貴的禮物不一定昂貴。這份禮物除了包含對收到禮物的人的關懷,還有對我們居住的環境、對地球的關懷。我們可以透過禮物,鼓勵對方培養更環保的生活習慣,變得更健康、更有精神、更漂亮!例如送環保餐具組,避免親友們的健康受一次性餐具影響,也減少一次性垃圾的產生;以純素紙管護唇膏,汰換掉無法回收的包裝;以輕量大水瓶,替換掉寶特瓶。

更讓人天天都想用的禮物

具有節慶氛圍的禮物固然令人欣喜,但節日過後又會出現某種「過季」感。不妨挑選一個具有節慶色彩,可以在生活中天天使用也不會太突兀的禮物,例如聖誕節的時候可以送鮮豔的紅色或綠色的陶瓷保溫杯,單看顏色就很可愛,冬天的時候喝熱可可,夏天就改喝冰美式吧!

DIY 更溫暖的禮物

巧手的朋友一定開始手癢了吧!可以試試看從家中的物品下手,DIY 一份獨一無二的禮物。如果暫時沒有想法,也可以上網尋找靈感,例如仿效「CULTU-RE EXPERIMENT 文化實驗」將舊校服製作成提袋,老同學們收到禮物肯定回想起滿滿的青春回憶啊!

更友善的包裝

除了禮物本身的價值,外包裝所能傳遞的理念更是不能忽略。越來越多的企業重視環保,許多的年節禮盒都融入了永續的價值,例如回收再製的包材、循環包材,甚至是將包裝再 DIY 成為另一件物品,這些巧思都是為了讓禮物裡外都能降低環境的負擔。挑選禮物時,不妨留意品牌與商家所提供的包裝方案有哪些。順帶一提,Kiddo 有提供可重複使用且節慶氛圍濃厚的回收包材,讓你拆箱即可送禮,包材還能全部回收喔!

WISH YOU A

WONDERFUL

— CHRISTMAS —
AND
HAPPY NEW YEAR

WITH   GREETINGS FROM KIDDO EARTH   LOVE

同場加映：環保包裝提案

送禮季節來臨時，除了煩惱要買什麼禮物，一堆的禮物包裝是否也讓你不知如和是好呢？

每年都有無數的包材進入垃圾場，除了做好垃圾分類，減少浪費的最簡單方式就是回收再利用。以下提供大家幾個選擇，除了對環境友善，對收到禮物的人來說也是一種貼心。

1 重複且多次使用才是真環保

根據史丹佛大學針對美國家庭做的一項統計，如果每個家庭用回收材料包裝 3 件禮物，就可以省下 4.5 萬個足球場的包裝紙。打開禮物後，即便收到了無法回收的材質，也可以先留下來重複使用，加入創意成為創新的設計，或是成為包裹的緩衝包材。

2 簡化包裝，simple is the best

使用純紙張包材還是可以發揮創意，加上可愛的印花或緞帶，依舊可以節慶氛圍滿滿。

3 非紙類的包裝

禮物不一定要使用紙張包裝，你可以利用圍巾、包包或手帕，讓包裝成為禮物的一部分。

今年開始，讓我們練習送一份不造成對方負擔，也能減輕地球壓力的禮物吧！

kiddo
EARTH AND CO.

友善環境，對世界更好的生活選物

@kiddo.earth

Kiddo 的任務是為現代人尋找友善地球的生活儀式感，提供輕鬆無壓力的方式愛護地球。從生活所觸及到的物品及想法開始改變起，透過實用性與設計感兼具的環保用品，有感降低廢棄物、減少塑毒的危害、減少多餘的包裝，也可以引導孩子們關注我們所生存的地球。

Earth, the only home we've ever known.

你的包裝紙可以回收嗎？

你知道嗎？並不是所有包裝紙都可以回收的。現在教一個連小朋友都可以簡單學會的方法，來分辨包材是一般紙類？還是複合材質？

紙類可分成為一般紙類及合成紙類。廢紙、報紙、雜誌、筆記本等為一般紙類，具備防水、保溫、隔絕陽光功能的紙張多半是複合式材質，分類方式及其回收方式皆有不同。

那些閃閃發亮、帶金屬光澤或是有特殊紋理的包材，越是複雜的設計，通常就越難回收。

如果你難以判斷如何做分類，可以將它握在手心，揉一揉，如果紙張皺成一團且無法自動展開，可能就是一般紙類，可放心丟入紙類回收桶中；如果它會自動展開恢復原樣，很大機率是無法回收或複合材質。

下次做垃圾分類前，揉一揉，就知道可不可以回收囉！

挑選更方便攜帶的環保餐具，
助友人輕鬆脫離一次性餐具。

環保同時也可以變得更漂亮，
全植物纖維清潔海綿，讓熱衷保養
的友人愛美同時友善地球。

禮物除了賦予對人的關心，還有對地球
的關懷，烘衣羊毛球讓友人以節能省電
的方式照料衣物。

精心挑選更有效率補充水分的日常
水瓶，令人印象深刻的精緻設計，
讓這份禮物成為日常。

文字：Kiddo 提供 , Homework 編輯部整理

SUGARED & SPICED

親子友善餐廳推薦

Cindy, 曾經的法式甜點師，在巴黎和上海的甜點名店、米其林餐廳、

五星級飯店工作多年後回到台北。結婚生子後暫停了甜點師的身分，

目前忙於照顧九個月和快四歲的女兒們，並在時間的縫隙中努力保留母親身分以外的自我。

閒暇時會在 Sugared & Spiced (@sugarednspiced) 上分享美味日常，

歡迎來 say hi :)

迴回

新北市瑞芳區洞頂路 155-4 號
$1000-1200 (不含酒)

一間位於瑞芳水湳洞的小小餐酒館。「迴」，因為餐廳位於蜿蜒的山路上；「回」，則是期許它是個會讓客人一再回來溫暖空間。跟老闆／主廚涵雁是認識多年的朋友了，從上海到巴黎，在每一個相遇的地方，我都有緣嘗過她獨特的手藝。她和家人在歐洲旅居多年後回到台灣，選擇了有山有海的水湳洞定居，開了第一家屬於自己的餐廳。迴回的料理集結了涵雁的人生經歷，是融合了台灣在地食材和亞洲香料、香草的法式下酒菜──傳統肉派裡多了九層塔，燉煮雞肉裡添了香茅、花椒。迴回不是親子餐廳，但歡迎小孩光臨（涵雁自己有一個七歲的女兒）。餐廳開幕不久後，我和先生就帶著女兒一起前往，用餐前先在附近爬山、看海……暫時逃離台北的擁擠和焦慮，是相當愜意的行程。

P.S. 迴回也寵物友善，店裡經常可以看到貓咪和狗狗的出沒。

LOGY

台北市大安區安和路一段 109 巷 6 號 1 樓
$3750+10% (不含酒)

———

想暫時脫離父母的角色，和先生享受一個特別的約會時，我會選擇 logy。喜歡這裡細緻的料理，配上優雅而不拘謹的氣氛和貼心服務，讓平時都忙於伺候孩子們的爸媽，也能有被悉心照料的感覺。自 logy 開幕以來，我陸陸續續去過十餘次，餐廳的菜色和人員都有了很不少變化，但一直沒變的是主廚田原諒悟在開放式廚房裡認真料理的身影。來自北海道的他，在義大利習藝多年後返回日本，於東京的米其林二星餐廳 Florilège 擔任副廚三年後，受主廚委派到了台灣，創立 logy。他吹毛求疵、一絲不苟的個性在餐廳的各個細節中流露，也因為他和團隊的努力不懈，才能不斷地給食客們帶來充滿驚喜的用餐體驗。近年來台北的 fine dining 餐廳如雨後春筍般迅速冒出，但都無法動搖 logy 在我心中的地位——它自始至終都是一個如此穩定、令人安心的存在。

P.S. 喜歡喝酒的人，請務必要點 logy 侍酒師 Kevin Lu 的 wine pairing。

TAMED FOX (信義店)

台北市信義區松仁路 91 號 B1

每人低消為一份餐點或飲料，0-12 歲小朋友沒有低消，人均 $400-600

Tamed Fox 可能是我最常帶女兒去的早午餐咖啡店。創始人 Debra 原本的專業是營養學，在她設計的菜單上可以輕鬆找到兼具美味和健康的選擇。比如在這裡沒有含糖量過高的果汁，但有能量和營養更豐富的果昔；可以吃到 chicken & waffles，不過傳統的炸雞換成了更健康的烤雞。菜單上也有很多可以單點的配菜、炒蛋、雞腿、糙米藜麥飯等，讓父母自己幫小孩組合理想的餐點，這一點非常貼心。除了寬敞明亮的內用區，TF 信義店還有個非常適合辦活動的戶外空間，我幾乎每次來都會碰到 baby shower 或是生日派對，空氣中總是漂浮著慶祝的歡樂氣氛。女兒經常在這裡跑跑跳跳，偶爾獲贈一枚活動的氣球也能讓她開心一整天。

P.S. 店家會應季推出不同活動，比如聖誕節有給小朋友玩的餅乾裝飾套組，很可愛！

HAUSINC 1035

台北市大安區安和路一段 109 巷 6 號 1 樓
每人低消 $250（平日）、$350（假日）

———

一間由日治時期的耳鼻喉科醫院改建而成的咖啡店，「1035」是當時院內的電話號碼。負責空間修復的 SYDRO 李預萍建築師事務所選擇不用新建材做出仿舊感，而是儘可能地將破損的原構造修復，新添入的元素則刻意明顯，創造出新與舊並存的衝突感。一樓可見早期掛號窗口，現在成為外帶櫃檯；二樓內用區保留了紅磚牆與木樑柱，透過大片玻璃窗撒入的自然光滲透了整個空間，氣氛悠閒愜意。咖啡好喝當然不在話下，更令人驚喜的是 HAUSINC 1035 非常兒童友善──女兒得到了一杯免費的牛奶，還有老闆精選的童書可翻閱，讓爸媽有了安靜的片刻可以沉浸在咖啡的香氣中……下次，還想回去試試 HAUSINC 的早午餐。

P.S. 喝完咖啡後，別忘了在樓下的「小麥過敏烘焙工作室」買些麵包再離開。

大人療癒選物

在這個快節奏的生活中，人們開始尋找各種
方式來放鬆和療癒自己，而「購物」相信是
許多人最直接的療癒方法。這次 30Select
替大家準備了一張「大人療癒選物」清單，稍
微逃離一下繁忙的工作，來場紙上 shopping
之旅吧！

30 選物品牌介紹

@30select

30Select 是專為 30 世代打造的品味指南。
就像你的私人品味專家一樣，我們在你有限
的預算內，為你挑選適合 30 世代生活的好
物。每樣物品都經過 30Select 團隊親自使用
後的評價，讓你能遠離華而不實的廣告文案，
找到真正適合你的好物。透過這些好物，慢
慢形塑屬於自己的獨特品味。

秘魯聖木

年過 30 後，發現能有自己獨處的時間是多
麼珍貴啊，就算是很零碎的時間，也要好好
把握讓自己放鬆一下。這種時刻，我會先點
上一根秘魯聖木，這個來自南美特有的香水
樹，在當地被用於宗教薩滿儀式中而被稱為
「聖木」，由於燃燒後的薰香，散發著淡淡
的甜香氣味，帶給人平靜與專注的狀態，近
年來深受許多人喜愛。點上一根聖木，讓香
氣在空間環繞，立刻讓煩亂的心情靜下來，
就算只有短短的幾十分鐘，相信也能讓身心
有所紓緩喔！

お味噌知る。（中文版）

想要讓自己放鬆一下，那就放下手機，讓自己靜靜閱讀一本書吧！這本《お味噌知る。》（中文版）是由日本知名的料理家父女檔土井善晴 & 土井光合著，以傳統日本和食結合多年西式料理的經驗，利用家中冰箱的食材製作獨特的味噌湯和味噌料理。不需拘泥形式，即使是沒有烹飪經驗的人，也可以透過製作味噌湯來學習烹飪的方法。

以一道道料理作為單篇文章，字數不多，搭配令人垂涎的圖片，很輕鬆不費力就能讀完的，假如有時間跟著書中一起做，喝上一碗味噌湯，一定很療癒啊！

HOWHITE CO. 香氛液體皂

說到香氣，我個人還特別在意洗手後的氣味。洗手後的氣味若是自己很喜歡的香氣，真得讓人有種幸福的感覺啊，所以挑選洗手液絕不可馬虎。若要我推薦洗手液，除了愛用的 Aesop 洗手乳外，這款「HOWHITE CO. 洗手、沐浴香氛液體皂」是近期的心頭好。由瑞典的調香公司所調製的香氣，以木質調、草本與花香調為主，讓人宛如進入森林中，或是來到廣闊草原，讓空間充滿了自然香氣，猶如森林浴一般，令人相當喜愛。洗完手後的氣味不會過於明顯，而是那種淡淡的高雅香氣，聞起來相當愉悅。假如你喜歡 Aesop 的洗手乳，可以嘗試看看 HOWHITE CO. 的這個系列。

深澤直人 TG 玻璃燭台

夜晚時刻,喜歡關上主燈,點上蠟燭,播著音樂放空發呆,是最快活的時刻了!這款看似簡單的玻璃燭台,經過產品設計大師深澤直人之手,就顯得不簡單。

採用一體成形,無孔、耐熱且清澈的硼矽酸玻璃切割而成,猶如倒置的玻璃杯。神奇的是,凹槽內放上小蠟燭點燃後,光線會沿著玻璃印在底部,形成一道迷人的圓形光圈,這時候將心愛的水晶放入其中展示,透過微弱的光環,讓礦石呈現出不同的觀賞面貌,美得令人心醉。

經典 Shaker 收納木盒

「收納」絕對是居家空間中最重要的課題之一，我的收納法則很簡單，就是眼不見為淨，準備好收納空間，凌亂的物品就通通收進去就對了！這款美國老式經典的 Shaker 收納木盒，就是兼具美觀又實用的好物。

Shaker 木盒源自於美國傳統以手工凹折的木製收納盒，透過木皮纖維錯位工法，以銅釘接合與固定。由於其經典的燕尾元素和優美的原木曲線，深受道具迷的喜愛與收藏，常見於日式居家雜誌中，由小到大疊疊擺放一起，馬上展現出主人優雅的品味，好看極了。

IN THE
A DOT STUDIO
CLASS
ROOM

教學現場：阿島美術教室專訪

小朋友希望你認同
希望你相信他做得到

阿島 A dot Studio. 畫畫工作室裡的孩子們個頭很小，他們以眼前的曉葦老師為發散能量的太陽系中心，像小小行星一樣圍繞著她轉。曉葦老師先是打開當週精選的繪本，唸裡頭的故事給孩子聽，讓孩子從她身後的教學布置牆面找到呼應的元素，接下來，孩子走到各自的畫板前盡情作畫。

在旁邊隔出來的空間，是孩子們的繪本區也是家長等候區，家長有的遠端觀察孩子上課情形，有的逗自也讀起了架上的讀物。偶爾也會有累到就地呼呼大睡的家長，放心地把孩子的藝術學習交給曉葦老師。

當孩子尚小時，他們藉由家庭教育一步步認識、形塑這世界的初步輪廓，日後他們逐漸走進外頭社會為他們打造的教育體制，他們也踏入更精細的知識傳授現場。而「老師」的適時引導，決定了孩子與學習之間能否產生電光石火，並把課堂的習得化為一生的養分。

但聽來稍顯沉重的「知識傳授」這件事，在 A dot Studio. 卻能化成很輕盈而平等的交流方式。這裡沒有「上對下的頤指氣使」，也沒有「稚齡化的說話方式」。曉葦老師把孩子當成同齡朋友，娓娓聊起今天主題的內容。

曉葦老師說：「我爸是屬於那種一感動就淚汪汪的類型，雖然身為大人，卻不吝於展現自己的脆弱與快樂。當你看到他們真實的樣子，你自然也會想給他們真實的自己。」

像這樣「平等」、「分享」的價值，在教室裡隨處體現在細節中。曉葦老師認為，既然教室是大家一起使用的空間，那麼在布置上就不全然只有童趣，排除那些可能讓小朋友受傷的尖銳鋒利元素，其他便以曉葦老師的喜好為主。「我常會提醒自己，如果我是孩子，我想被相同的對待。」

在讀繪本時，曉葦老師也會播放精選音樂作為輔佐教材，但這些音樂可能一般會被認為是「大人聽的」。例如，若是那天主題是忍者，她會放日本三絃琴的音樂；聊到叢林主題，她挑選雷鬼樂。平常課堂上也有爵士或古典樂，做機器人的時候，她放電子或數字搖滾。「我們每週看不同風格的繪本，認識不同的藝術家，根據主題搭配不同的音樂、布置與植物，就是期望能傳達給孩子，『欣賞』的樣貌不只一種，不一定要喜歡，但可以試著看一看，也聽聽看，而且其實這是需要練習的。」

過去她曾在傳統畫室學習觀摩教職，因為看

過這些以技術或升學導向的畫室，反而讓她更學會放掉教學上的公式與規則，在自己的課堂上盡情發揮。「很多時候，我想要這個也試試，那個也碰碰。而當小孩最後呈現出來的作品畫面和你預期不同時，我覺得那是最棒的！」

「我想讓孩子看到，事情可以有很多面向。畫畫這個能力，你並不會每天用到，但如果你有一雙發現美好事物的眼睛，這種能力會跟著你一輩子。我們常會覺得『活著好累喔』，但一旦你有這能力，就能在很黑的地方找到你的光，而這個光可以支撐你再繼續往下走。」

在 A dot Studio. 上課的小孩可以恣情在畫布上發揮，把他的個性、喜好、最近熱愛的東西統統畫上去，個人特色越強烈越好。這樣日後孩子回顧作品時，可以記得「這時期的我很愛忍者」，或是「我曾經這麼愛綠色啊」。曾有家長很擔心地跑去問她：「怎麼辦？我的小朋友這半年所有的畫都是粉紅色的！」她妙答：「很好啊，你看畢卡索也有藍色時期跟玫瑰時期。粉紅色的他，就是現在的他啊。」

「創作的路不是只有這一年而已，可以是一生都在做的事。我希望在阿島的孩子的創作，能夠有『他自己』在作品裡。」

也有家長問她，怎麼自己的孩子到了畫室立刻搖身成為脫韁小野馬，跟在家完全變一個人。曉葦老師對孩子的「就地解放」感到開心。「我會告訴自己，這代表他很信任這個環境。」她說：「當我們透過長期相處，對彼此已經產生信任感時，才會展現出自己最舒服的樣子。」

問曉葦老師對於維持教室秩序有沒有什麼獨到心法，難道沒有偶爾失控的時候嗎？「我們很常在失控啊，有些失控會變成創作的火花，如果是建立在互相尊重的失控，我覺得是沒關係的。」她又補充：「尊重不是只有對我，而是指對這個空間、對其他人、對自己的尊重。」

她的學生年齡分布從兩歲到十一歲都有，對於接近青春期的孩子，她不會刻意探問他們隱私，而是鼓勵小孩自發地分享生活。對於熱中把生活大小事拿出來講的小小孩，她樂於跟著孩子的節奏發展課程。尤其一個半小時的課，對年紀小的孩子來說偏長，如果孩子真的坐不下去，她會提議孩子自己到旁邊散散步、喝喝水、上個廁所。「有的小朋友會自己去旁邊看樹，讓眼睛休息一下。我完全可以理解，我知道那是他們給自己的小空檔，畢竟我自己在創作時也會遇到瓶頸，有時真的想不出要畫什麼。」她笑說。

在擁有自己的 A dot Studio. 空間之後，她發現多了家長等候區而出現一些有趣現象。例如，有的小朋友從一開始下筆到最後的成品之間的風格差很多，如果大人可以親眼參與這過程，其實是很有趣的，能夠看見孩子的多種可能。又或者有時候，課堂上發生了很好玩的事，當下孩子的直覺反應是轉頭看陪同的家人有沒有一起在笑。「那個瞬間對我來說，就是當你快樂時，你會想跟你在乎的人一起分享，是很感動的。」

「以前我們的教育常會希望把小孩扭成某個樣子，但現在不管是在家庭或學校，我們漸漸學習『尊重』孩子本身。我覺得小朋友需要的其實是一份認同，希望你認同與相信他做得

到。」當大人不開心或隱藏自己，小朋友其實都知道；但是大人如果誠實以對，小朋友也會回以相同的坦承。「那麼，你就有更多機會去了解彼此，這是健康也很幸福的。」曉葦老師說。

家人與我的藝術之路

我爸爸的工作是做表演舞台、音響跟燈光，算是我對音樂的啟蒙，媽媽是做婚紗配件，兩人工作都是跟設計、工藝、美感相關，也許我多少也受了影響，走上藝術相關的工作。

家裡還帶給我另一個影響，就是「閱讀」這件事。因為我媽媽的工作所需，家裡常有很多雜誌，所以我從小就有很多圖像可以看，文字的讀物也有。我不知道我家的書算不算多，但至少我一直有書可以看，我也很常同一本一直看一直看，有書我就不怕無聊，書可以帶你去任何地方，這也是我在教室準備了繪本區的原因。小時候我姊會講故事給我聽，後來她長大開始忙課業，我就繼續唸給自己聽，唸給透明的人聽。說起來，我算是很會獨處的小孩，也許我講故事的能力就是當時培養的吧。當畫畫老師也十年了，每次拿到新的繪本，要帶到課堂前，我在家還是會先練習講一次，演練怎麼講能把故事講到最好玩。

後來我大學讀了西班牙文，去英國學平面設計，又成為孩子們的畫畫老師，不管在職涯上做出什麼決定，家人總是會投以鼓勵，他們讓我感到被信任。他們對我來說，是像山一樣的安穩存在。

採訪編輯：李郁淳
攝影：ERNIE CHANG

A DOT WORKSHOP

在家玩遊戲： 建造自己的小城市

將家中現有材料二次利用，例如餅乾盒、奶粉罐、裝包裹的紙箱。利用奇異筆、粉臘筆、顏料等在上面畫畫，裝飾房屋，或是用色紙、紙盒剪出方形、圓形貼上去，成為窗戶與門，讓這些小盒小罐變身成各種建築。

大一點的孩子可以把這些盒子畫成花店或麵包店，更大一點的孩子可以用美工刀割出鏤空的門與窗。留意身邊常見素材，加入創意和巧思，就不用一直買新東西。當建築物越來越多，還可以加入家裡其他的小玩具，讓小汽車、樂高人在房屋間行走，或是用積木蓋橋，擴建成一座城市或花園。

在疫情期間，曉葦老師錄了五集「阿島的空中畫畫課」，在 Youtube 上就可以看到。影片中使用的材料在家都可以找得到，也有介紹繪本、藝術家和創作流程，如果家長和小朋友不知道怎麼開始動手做，歡迎參考影片中的素材和方法喔！

① ①

③

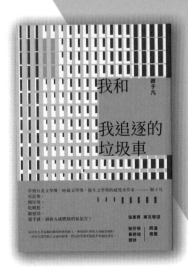

④ ⑤

閱讀推薦：帶一本書過節

返鄉過節時，你會帶哪一本書打發時間？

你會選哪一本書跟孩子介紹節日？哪一本書會勾起你慶祝的回憶？

如果你還沒有自己的過節書，我們從自己的書架上挑了幾本書，推薦給你。

❶

推薦人：發行人 Eileen

看見小時候的自己：

《小雞過耶誕節》、《小雞過生日》

作者／繪者：工藤紀子

出版社：小魯文化

推薦理由：工藤紀子的系列繪本，有小小孩的家裡應該都有幾本，甚至是忍不住全套收集。她的插畫充滿溫暖、幽默、細節以及大人也可以喜歡的童趣，雖然是給小童閱讀的內容，但跟著看了好多年的我，至今也都看不膩，每次翻開來讀，依舊常常揚起笑容。五胞胎小雞系列、愛搗蛋的八隻野貓軍團、一直要出門旅行的企鵝三姊弟，以及貪吃可愛的小修與沃特系列，各有不同鮮明性格的主角設定，總覺得可以在裡頭看到小時候的自己甚至是長大的自己。工藤紀子對於繪製、描述各種食物細節的熱情，讓大人小孩都很有共鳴。這次推薦的兩本小雞系列，是小朋友最期待的生日和聖誕節，簡單的故事線，包含了期待、採買、佈置、下廚、全家的參與以及驚喜，每一頁都有很多小細節可以發掘。爸媽心中理想的慶祝（前提是不被小孩弄抓狂），應該就是這樣子吧！

❷

推薦人：創意總監 Amy

關於最重要的節日的書：

Lunar New Year Around the World

作者：Amanda Li

繪者：Angel Chang

出版社：Studio Press Books

推薦理由：農曆新年一直是華人文化最重要的節日，對於遠離家鄉的華人而言，更是許多家庭世代刻意保留的傳統。除了在亞洲，世界各地許多華人都很認真看待這個傳統節日。近年來隨著亞洲商機興起，以及對多元文化的重視，包括歐美等地區的人們也開始認識農曆新年，以至於非華人文化圈也開始出現相關的慶祝活動。

由 Angel Chang 和 Amanda Li 合作出版的新書 Lunar New Year Around the World，從孩子的角度介紹農曆新年的歷史和習俗，以及世界各地慶祝新年的不同方式。Angel 善於運用色彩和光影來描繪插圖的情緒，是小啼大作兒童音樂社合作的插畫師之一，目前和他心愛的貓咪一起長居台北。

❸
推薦人：編輯阿爆
讓平凡的一天變成特別的一天：
《今天是什麼日子？》
作者：瀨田貞二
繪者：林明子
出版社：親子天下（漢聲版本已絕版）

推薦理由：「你知道今天是什麼日子嗎？不知道的話，就去樓梯的第三格階梯找答案吧！」

小時候爸媽常送我書當禮物，現在回看當時的我能擁有一整套漢聲繪本真的很幸福。其中有幾本我特別喜歡，包括這本《今天是什麼日子？》，於是有段時間我一直覺得尋寶是最棒的慶祝遊戲。我們家的公寓小小的、亂亂的，好像沒什麼特別的「場景」可以藏驚喜，但奶奶家有很多樓梯，外婆家還有魚池，我還真的有樣學樣，很沒創意地用塑膠袋裝了紙條丟進池子裡！可惜整理院子的外公把它當作垃圾清掉了，爸媽從來沒發現我安排了這些事，沒有人注意到今天是什麼日子。不過沒關係，儀式感算是做好做滿了，過程好玩最重要，這樣就足以讓平常的一天變成特別的一天。

❹
推薦人：阿島的曉葦老師
一起慶祝平常：《食常物語》
作者／繪者：葉懿瑩
出版社：鯨嶼文化

推薦理由：說到慶祝，腦中浮現了米蘭·昆德拉的《慶祝無意義》。慶祝的目的或輕或重，有意無意，不需非得歡騰，只需興致。這書名讓我興起，不如來慶祝一個「平常」，想分享

的書是葉懿瑩的圖文書《食常物語》。

某一天，發現自己容易被靜物畫吸引，靜物畫裡蔓延的平靜或喧囂，有時並存，難以言喻，需要細細品嚐。《食常物語》裡的第一篇〈農場雞蛋〉寫著：「早安！打顆雞蛋做早餐。啪的一聲，蛋殼被敲響，這是開始一天最清脆悅耳的聲音……」

慶祝不一定要「碰！」開香檳，可以是「啪！」敲一顆雞蛋，慶祝一天的開始。

書裡沿著四季，帶我們看見桌上的「餃子皮」，捲著「水錶膠帶」，沁著「切片冬瓜」，「抓歪了眼鏡」，「吞下沾板上的月亮」，喝上一碗「玉米濃湯」。適合在繁忙的一天落下時，泡杯熱茶，跟著一頁頁的靜謐，慶祝生活，慶祝踏實。

同場推薦：李之彌的《常相知》。

❺
推薦人：The Folks 的老闆子淇
回望生活的一本書：
《我和我追逐的垃圾車》
作者：謝子凡
出版社：九歌

推薦理由：這是一本非常輕鬆好讀的散文，描寫的是我們在生活在城市裡的人，都會經歷的瑣碎片段。我最喜歡的是謝子凡在這些我們近乎失憶的片刻（誰會記得什麼關於倒垃圾的故事），切出一個銳利的視角回望生活。最值得一提的，是這本書很好笑（幽默的那種），非常適合累了一天，洗個舒服的澡後倒杯威士忌，攤在床上讀一篇，一定會非常開心。

⑥

推薦人：心理師佳芳

給爸爸媽媽的假日書：

《願我們的歡樂長留：小兒子 2》

作者：駱以軍

出版社：印刻

推薦理由：駱大一改平日深苦奇幻小說風格，小篇寫起與家人相處的故事，讓我們看到孩子成長與遠離的焰火，與其映照出，在爸媽內心的細碎光影，日常而動人。

⑦

推薦人：心理師佳芳

給小孩的假日書：

《包姆與凱羅》系列套書

作者／繪者：島田由佳

出版社：九童國際文化

推薦理由：這套繪本我跟我們家小孩一起翻了又翻，看了又看，書中的細節驚人，每次看都有新的發現。跟著兩個可愛小主角，為了上市場、探望爺爺、去池塘溜冰等等平凡的理由，展開瞎忙卻不亦樂乎的每一天。

烏龜與音樂課

今年我們家開始養烏龜。

一開始是大兒子羅比在市場裡看到有烏龜的攤位，不厭其煩地拉了不同的家人在同一天去看了三次，他說好想要養寵物，我們經不住他的眼神，當晚就去水族店買了一隻陸龜，我爸嫌少，又在一個禮拜內，衝動地替他添了兩隻澤龜。

買烏龜的那天很好笑，我先是傳訊息問了我認識的朋友，她對養烏龜很有心得，她告訴我，烏龜是會活很久的喔，要確定再來養。去到店裡，我指著一隻小烏龜問店員，通常這樣的龜種可以活多久？她有點迴避地說，嗯，幾十年沒問題，我追問，幾十年到底是幾個十年呢？她有點害羞，好像怕那個答案嚇到我似地，小聲地回答，嗯，大概可以八十年。

八十年？羅比有點驚訝，他大聲喊，哇，那我到八十歲的時候還要養牠耶。

我爸在一旁，笑著說：難道你期待八十歲的時候，換成烏龜來養你嗎？就這樣，我們帶著有八十年預估壽命的烏龜和一個玻璃缸子回家了。

小孩說要養寵物的情節，開頭總是千篇一律，結局也是殊途同歸，從小心翼翼捧著烏龜回家，不到兩個月，就演變到寵物變成爸媽的責任，小孩則是轉為兼職顧問的存在。羅比用一種開月會的形式，偶爾會在缸子前現身一兩次，用官方的笑容看著他名義上的寵物說，哇不錯不錯，繼續加油。

每兩三天一次，為了兩隻澤龜，我要蹲在後陽台，花一個小時換水洗缸子，據說夏天氣溫高，到時就變成天天都要換水。小陸龜則是要泡在大碗裡淺淺的水中，用牙刷輕刷腹部替牠按摩洗澡。

有一天，換水的時候，烏龜踢了幾下，他的糞便水彈到我眼睛裡，造成結膜炎，我氣到不想做這個事，不是你吵著要買的嗎？為什麼都是我在養？但坐在客廳裡賭氣沒多久，看著屋外兩隻水龜在濁濁的水裡滑動，從這頭到那頭，他們的蹼將水中咖啡色的排泄物揚起又落下，抬著頭無辜地望著天空，我捨不得，也沒辦法等到兒子回家，就趕緊餵食，捧著他們到前陽台曬太陽，繼續換水的工作。

換下來的水有動物的味道，角落長出青苔需要刷，加溫器則是會因為大便卡住，想到率先

加熱的都是糞便，我忍不住用手去摳，最後就是大便卡在我的指甲裡。家庭生活就是這樣，絮絮叨叨，都是一些小事情。

昨天晚上，一切就緒，孩子吃飽喝足，烏龜也跑到石洞裡睡覺了，我在刷牙時，羅比跑進來表情擔憂，他說，媽媽，我發現明天音樂課要考唱歌，可是我根本不會唱……我走出浴室，看到爸爸彼得也站在一旁，他們倆個手足無措的樣子，好像小鹿跑到馬路上被卡車的燈照到全身，我問，音樂課要唱哪一首歌？譜有帶回來嗎？羅比搖搖頭，怯怯唱了兩句，說應該是這樣唱的吧我也不確定，我憑著他唱的那兩句單薄又模糊的歌詞關鍵字，在網路找了很久，實在沒辦法，趕緊求救家長群組。

一位好心家長立刻把譜拍照發給我，我們就躺在床上看著譜唱歌，好久沒看五線譜，還加上升降記號，羅比唱了幾遍終於會了旋律，再加上英文歌詞唱，*Oh, How Lovely Is The Evening, Is The Evening, When The Bells Are Sweetly Ringing, Sweetly Ringing……*

這是一首有點像歌劇詠嘆的歌曲，唱太多次我們唱上癮，羅比跟我還站在床墊上表演了美聲，我壓著他的肚子叫他用丹田力氣，把弟弟都吵醒了，羅比見到弟弟也來了，即刻拿出直笛說要吹布穀鳥給全家看，當然是吹得東倒西歪嗶嗶亂叫，弟弟見狀搶了笛子立刻也放進嘴裡猛吹，那是我的，羅比喊，鼻要你的，路卡抓了就跑，兩兄弟追來追去，把直笛當成拔河的工具。

我提議，看他們這樣搶，不如明天去文具店給弟弟也買一支直笛吧？彼得立刻反對，他說，

你瘋了嗎，家裡有一支直笛，和一個不會吹的人，已經很慘了，如果加倍，變成兩支直笛，還有兩個不會吹的人，這樣真的有比較好嗎？他說的很有道理，我立刻道歉。

直笛爭霸戰在十分鐘後落幕（靠的是媽媽拿出了葡萄口味的果凍），幾個小時後，終於等到太陽升起來，兩個孩子去上學了，家裡偷到幾個小時的寧靜。

剛剛我在折衣服，連續折了好幾件香噴噴的小內褲，心裡就忍不住讚嘆起來，世界上怎麼有這麼小的屁股呢，實在太可愛了啊。

接著我去替烏龜換水，蹲在水缸邊時，想起這個時間正是音樂課，兒子應該準備上台獨唱了吧？

烏龜與音樂課。

Oh, How Lovely Is The Evening, Is The Evening, When The Bells Are Sweetly Ringing, Sweetly Ringing, Ding Dong, Ding Dong……..

我在換水的時候不斷唱著那首歌，原來我是一個可以同時很慘也很快樂的人，怎麼辦，有一股衝動，讓我好想吹直笛。

葉揚
作家，
台北人。
撰寫小說與散文，
主持〈葉揚躺一下〉的 Podcast 節目。
先生的名字是彼得，
家中有兩個男孩，羅比與路卡。
生涯目標是想要當一個可以讓人感到如釋重負的作家。

給爸爸和女兒的紅蜻蜓

五十歲才當爸爸的我，生了一個早熟懂事的女兒，有點老靈魂的感覺，對於人間的理解和關懷似乎比我還要細心周到。她非常善於觀察和溝通，對於我的壞脾氣，她很認真地表達：「把拔，如果你要罵我，可不可以不要太大聲？不然我會聽不清楚你要教我的是什麼。」

我常常被她溫柔的勸說打動，身邊的叔叔阿姨看在眼裡也都覺得「老林真的不一樣了」。

話這麼說是沒錯，但我對於音樂叛逆不羈的快樂追求還是沒有改變，只要好聽，到底 Missy Elliott 的〈Work It〉歌詞是在唱三小，Dua Lipa 的〈IDGAF〉是不是小孩不宜，我都先不管，在她還不懂英文之前，先一起亂 high 亂跳 having fun。這是當一個爸爸，同時也還不忘當自己的一種需求，不想讓自己淹沒在哄小孩的兒歌裡感到痛苦厭世。

2019 年底世界發生了大事，疫情把我們都關在家裡，現在回想起來真的不可思議。後來我們安然渡過，年邁的爸爸卻因為跌倒而沒躲過死神的召喚。

爸爸剛離開的時候，每次〈紅蜻蜓〉一放出來我都熱淚盈眶。正巧媽媽打電話來，問我怎麼都沒打電話去，「是不是想念爸爸？」她的

直覺還是那麼厲害！我正在寫日記，每天一點點累積淡淡的思念。媽不知道感應到什麼，也許她也在想他吧，爸爸是真的不在了。

每一次前奏的鋼琴一下，乍聽不和諧的和弦馬上觸動我的回憶，緊接著大貫妙子的歌聲直直地唱著：「晚霞中的紅蜻蜓呀，請你告訴我，童年時代遇到你，那是哪一天啊？」

幾年前的某一天，我決定全力投入兒童音樂，爸爸交給我一疊他整理好的日本童謠二十首的資料，交代我要好好研究學習已經有一百年歷史的日本童謠。我還笑著問他說：「童謠也要這麼講究喔？」他點點頭說：「當然要講究啊。」

那一疊 A4 紙上放的第一首就是他最愛的 Aka Tombo，赤とんぼ。我當然聽過這個經典的旋律，但始終沒有找到一個我真心喜歡的錄音，直到我在 YouTube 找到坂本龍一鋼琴編曲的這個版本。我曾經請「小啼大作兒童音樂社」的汪汪老師幫忙編一個「一定要像德布西」的鋼琴版，讓女兒用標準的東京腔日文唱給她的阿公聽。後來我才知道他們祖孫倆會在珍貴的獨處時光一起拍手唱〈紅蜻蜓〉。

爸爸走的時候女兒五歲，我還不確定怎麼跟

她談生死。我講了〈紅蜻蜓〉的故事：
「照顧他的姊姊突然離開嫁人，再也不會回來了。」

「再也不會回來了？那她去哪裡了？」

「不知道耶，把拔真的不知道。」

晚霞中的紅蜻蜓呀，你在哪裡喲。停歇在那竹竿尖上，是那紅蜻蜓。

關於〈紅蜻蜓〉

〈紅蜻蜓〉（日語：赤とんぼ、赤蜻蛉、あかとんぼ）是一首日本童謠，由三木露風作詞，山田耕筰作曲。歌曲描繪了主人公在夕陽西下時看到紅蜻蜓而產生思鄉之情的場景。

作者三木露風（1889-1964）於 1921 年寫下這首詩，回憶起他的嬰兒期被姊姊揹在背上（或是他的保姆，因為歌詞模稜兩可），想念那個十五歲時結婚，並且已經搬離村莊音訊全無的像母親一般的人。

三木露風的媽媽碧川之人（1871-1962）是明治時期日本女性運動的重要人物。她的墓碑上刻著文字：「小蜻蜓的媽媽，在這裡休息。」

這首曲子與舒曼的〈Introduction and Concert-Allegro, Op. 134〉反覆出現了十八次的旋律極為相似，曲調體現了 20 世紀初慣用的作曲手法。

（以上資料參考取自維基百科）

推薦聆聽

〈紅蜻蜓〉收錄在大貫妙子&坂本龍一 2010 年專輯《UTAU》

夕焼小焼の、赤とんぼ 負われて見たのは、いつの日か ／ 山の畑の、桑の実を 小籠に摘んだは、まぼろしか ／ 十五で姐やは、嫁に行き お里のたよりも、絶えはてた ／ 夕焼小焼の、赤とんぼ とまっているよ、竿の先

In the glow of the setting sun, red dragonfly, when was the day I saw you while being carried on the back? / Harvesting mulberries from the mountains and fields, into a small basket, is it a faint memory? / At fifteen, my sister got married, News from home also ceased. / In the glow of the setting sun, red dragonfly, you're perched on the tip of the pole.

淡淡紅霞中的紅蜻蜓啊，看到你的時候我被揹著，那是哪一天呢 ／ 山上園子採收的桑椹果實，都裝進小籃子裡，是模糊的記憶嗎 ／ 十五歲的姊姊嫁人去了，跟故鄉也斷了音訊 ／ 淡淡紅霞中的紅蜻蜓啊，棲息在那竿子的頂端

WILL

Will is a father, a music lover, and drinks cold brew every day.

TODAY'S FAMILY

如今，家庭慶祝的標準作業程序

1 PREPARATION
瘋狂網購

這週末要慶祝女兒兩歲生日，
趕快來訂一個客製化蛋糕:）
還要買氣球，禮物，公主皇冠，
掛在牆上的生日快樂吊飾 ……
還有女兒要穿的生日澎澎裙，欸，
那我要穿什麼？也來逛一下媽媽要穿的。
啊！相機腳架也壞了，來得及寄得到嗎？
而且要吃什麼？

2 PHOTOSHOOTING
無限拍照

大家快點過來！哥哥！快過來！到～底～要說幾次！好～ 54321，笑一個唷！換這邊！
跟布置拍一張！跟蛋糕也拍一張！等等！背光背光！換這角度好了。
好～妹妹呼～吹蛋糕唷！看這邊！啊啊啊！妹妹！不要摸蛋糕！！還沒拍蛋糕獨照！！喂！等一下哥哥你要
去哪裡？跟妹拍一張打開禮物！最後一張就好，拜託啦！媽媽準備很辛苦耶 ……

CELEBRATION SOP

3 FRUSTRATION
吼怎麼每張都拍得那麼醜

醜死了!

吼! 再一次!

哎呦,哥哥不要做鬼臉啦!要可愛臉喔!
再一次喔~爸爸你怎麼口罩還掛在下巴!
很醜耶!快拿下來啦!阿你要發自內心笑啊!
不要皮笑肉不笑的!妹妹手不要遮到臉,放低一點!
欸!我瀏海分岔了啦!怎麼沒有人跟我說!
怒!照了一百張沒有一張好看!

4 SOCIAL MEDIA
社群媒體

Like!
Like!
Like!

呼~終於拍完,也吃了蛋糕,
媽媽來從一千張照片中,
挑幾張先傳 LINE 到家族群組,
VIP 搶先看!嘿嘿!
IG 的要來修一下照片……
氣!先生照的怎麼總是歪歪的,
調一下水平線,濾鏡挑一下,
對了!限時動態要 @ 一下蛋糕是
哪一家做的。音樂配哪一首好呢?
喔!還要@那個誰送的禮物,
貼文要放全家福還是女兒獨照?
該寫什麼字呢?#女兒生日 ……
哇!好多讚!好多私訊唷!!
媽媽好累,小孩你們自己玩好嗎?
讓我用手機回一下訊息 ……

STOP!!! ENJOY THE MOMENT!

管他*的標準作業程序，就好好的享受當下吧！

在有孩子的六年來，我一直都老老實實地守著「家庭慶祝標準作業程序」，才能有好的「作品」分享到競爭激烈的社群上。只有一個孩子的時候，我還可以滿享受創造這家庭歡樂的「作品」。但是當第二個孩子出現以後，身心靈負荷越來越重，我慢慢發現，為了要做這個「作品」，我好像默默失去了很多該享受的時刻。才告訴自己，撕掉這個 SOP 吧！沒有一定要照著走，好好享受當下吧。

THE WEIGHT OF HAPPINESS
甜蜜的重量

我知道，帶小小孩一起購物真的很瘋，
欸欸欸不要亂跑！（追＋抱）
這個沒有要買放回去！（放回＋抱走）
小心！不要摸！（抱離危險物品）
很髒，起來！不要在地上！（連根抱扛）
無止境的 12 公斤幼兒抱，手好痛，但是還可以抱多久？就好好享受這甜蜜的重量吧。

B THE IMPERFECTLY PERFECT
不完美的完美

一起來做餅乾給妹妹慶生吧！

哥哥亂捏餅乾……

（這樣裡面不會熟欸）

麵粉灑得到處都是……

（好亂好髒）

哎呀，妹妹打破蛋了……

（浪費，好難清）

沒關係啦！

這就是不完美的完美家庭生活啊！

咦？爸爸不加入嗎？

喔，你還在吹氣球。

家庭慶祝時，還是沒法那麼酷都不照相，但是好像也不用每次都分享分滿。咦？不分享也不用修圖了，不用鬼吼鬼叫控制小孩，不用氣老公照不好，雙下巴也沒關係，小孩要不要加入……看不看鏡頭……都！隨！便！

哇！真輕鬆～就捕捉這自然的一刻就好，反正這是一個獨享的回憶。

C THE PRIVATE MEMORY
獨享的回憶

one~
two~
cheese!!!!

文字：吳宛儒 WANJU｜插畫：若凡

COME EAT PIZZA!

CAN'T WAIT!

LIKE A REAL "MEOW" KID'S "HOMEWORK"

貓下去15週年 feat. HOMEWORK MAGAZINE
大玩童心像個孩子，邀請大家都來共襄盛舉我們全新推出的『披薩家庭作業』！

【口味與配件將會隨機出題，讓大人與孩子們一起動手玩起來，完成一張擁有自己表情的貓披薩！】